Os livros dos espíritos

Uma análise comparativa entre
as edições 1ª, 2ª até a 16ª

EDITORA EME

CPDoc
Centro de Pesquisa e
Documentação Espírita

CCDPE-ECM

Os livros dos espíritos

Luís Jorge Lira Neto

Uma análise comparativa entre
as edições 1ª, 2ª até a 16ª

Capivari-SP | 2019

A Editora EME mantém o Centro Espírita "Mensagem de Esperança" e patrocina, junto com outras empresas, instituições de atendimento social de Capivari-SP.

1ª edição - dezembro/2019 - 1.000 exemplares

CAPA E DIAGRAMAÇÃO | vbenatti
REVISÃO | Wilson Garcia

Ficha catalográfica

Lira Neto, Luís Jorge Lira, (1960-)
Os livros dos espíritos - Uma análise comparativa entre as edições 1ª, 2ª até a 16ª / Luís Jorge Lira Neto - 1ª ed. dez. 2019 - Capivari-SP: Editora EME.
144 p.

ISBN 978-85-9544-128-6

1. Espiritismo. 2. O livro dos espíritos.
3. Análise comparativa entre as edições 1ª, 2ª até a 16ª.
I. Título

CDD 133.9

Sumário

"*In memoriam* a Ildefonso do Espírito Santo (médico sanitarista e espírita baiano)

Apresentação

Uma ideia brota do âmago do ser e se esvai nos olhos pendurados nos livros que a Vida nos proporciona. Desde a primeira visada em *O Livro dos Espíritos* percorreu-me uma satisfação incólume repleta de certezas, quando perguntas e respostas, enoveladas, revelaram o que era, até aquele momento, incompreensível saber. O *fiat lux* brotou incessantemente em minha mente e a Lógica tomou todos os espaços ocupados pela dúvida. Passado, Presente e Futuro formaram um *continuum* agrupados sob as Leis Naturais, conjugados à odisseia da evolução do Espírito. O Saber foi decomposto na coloração da Ciência, da Filosofia e da Religião, conduzindo-me no processo de aprendizagem. Cerrei meus olhos para perceber o desfile de conceitos sinóticos: enfileirados, justapostos e circunscritos. Pronto, já não haveria mais outra opção, a saga estava iniciada, os desafios postos. Capitulado acertei o passo na direção do Espiritismo, consubstanciado em *O Livro dos Espíritos.*

Agradecido pela presença de tantos que incentivaram nesse desejo de algo fazer em prol do Livro, na sua difusão, discussão e distribuição, torná-lo acessível. Acesa foi a fagulha da curiosidade e espelhado em Wilson Garcia, no solícito Bruno Tavares e estimulado por Geszler West empreendi esta pesquisa, no início um esboço de artigo, mas após valiosa colaboração do Centro de Pesquisas e Documentação Espírita (CPDoc) e da Liga de Pesquisadores do Espiritismo transformou-se em texto compreensível, aqui apresentado em livro.

Por fim, gratidão à família pelo tempo subtraído da convivência e ao neto Filipe em nova existência.

Recife, 24 de setembro de 2019.

Luís Jorge Lira Neto

PREFÁCIO

Um trabalho original

Herculano Pires diz com propriedade que o mundo não caminha para o caos, mas para a paz. O mesmo se pode dizer quanto ao espiritismo. Em meio a um turbilhão de ações e práticas conturbadoras e desviantes dos objetivos propostos na doutrina espírita, vive-se hoje, felizmente, um momento fértil em iniciativas de estudos e pesquisas de grande importância ao avanço do conhecimento doutrinário, iniciativas essas que devem merecer o apoio efetivo de tantos quantos reconhecem e sabem que o espiritismo sobreviverá apenas enquanto a sua renovação permanecer em curso.

Todas as atitudes tomadas ao longo da história visando coibir os esforços para desenvolver as bases doutrinárias, a título de preservar a sua pureza ou sob o infeliz argumento de que somente aos Espíritos Superiores é dado esse direito, não serviram mais do que para atrasar o progresso e emparedar o espiritismo com as doutrinas retrógradas, estacionárias e dogmáticas, para as quais, ao contrário do espiritismo, o livre pensamento constitui-se em erva daninha a ser arrancada permanentemente.

Infelizmente, há que se reconhecer, as iniciativas no sentido de dar ao espiritismo uma capacidade de equiparação aos avanços tecnológicos e científicos, de modo a mantê-lo na linha de frente do que há de mais avançado nesses campos, repito, essas iniciativas têm sido tomadas mais por parte de estudiosos isolados do que por aquelas instituições que se colocam como líderes de um movimento denominado espírita. Estas têm sido, o mais das vezes, insensíveis ao progresso real (que não pode ser comparado com o progresso como retórica, embora este prevaleça) e não têm sequer destinado qualquer apoio, ainda que formal, àqueles que se lançam a tais cometimentos, salvo as louváveis exceções. Mas o que é ainda mais lamentável é quando tais lideranças se colocam contrárias ao progresso e não se furtam à iniciativa de impedir ou desacreditar os denodados estudiosos.

Enganam-se todos aqueles que pensam ser o espiritismo uma doutrina finalizada, pronta e acabada, como se constituísse um monumento a necessitar apenas de proteção e nada mais. Enganam-se os que só defendem o sentido progressista dessa doutrina enquanto discurso teórico, e o fazem para que não pareça que se colocam contrários ao preceito de Allan Kardec, que entende que o espiritismo só será forte enquanto puder ombrear-se com o progresso científico. Preservar a doutrina faz sentido enquanto ato compreensivo da importância da manutenção dos seus postulados básicos, os quais convivem entre si harmonicamente por decorrerem das Leis Naturais e se constituírem o seu lado irremovível. A defesa, contudo, desses postulados não deve e não pode ser pretexto, em tempo algum, para impedir o acompanhamento permanente do progresso.

A ciência caminha, o conhecimento acelera o desenvolvimento tecnológico, as linguagens rompem com seus grilhões analógicos para dar sentido ao mundo digital, a comunicação se adapta ante o desafio de produzir sínteses das ideias e conduto entre os seres humanos nas suas relações interativas. A conexão entre almas, espíritos encarnados, em pouco mais de 150 anos saiu dos *raps* e mesas girantes e alcançou um novo *status* em que as influências entre seres inteligentes visíveis e seres inteligentes invisíveis já não dependem mais apenas de intermediários inteligentes, porque ocorrem, também, por meio de instrumentos sensíveis. A doutrina espírita é ainda a única capaz de dar o verdadeiro sentido a tudo isso, por possuir a chave da compreensão das ligações e dos mecanismos que unem os dois polos onde atuam as inteligências do universo.

Cabe aos espíritas de visão não se deixarem deter pelas barreiras que o conservadorismo inconsequente coloca, avançando nos estudos e pesquisas de modo a manterem a doutrina ombreando com o desenvolvimento dos diversos campos do conhecimento humano. E cabe às lideranças espíritas esclarecidas encontrarem meios e formas de apoio aos que desejam integrar a linha de frente do espiritismo.

O presente trabalho, desenvolvido pelo engenheiro Luís Jorge Lira Neto se insere neste esforço de estudo com o objetivo de clarear com as luzes da análise o caminho difícil percorrido por Allan Kardec, sob as velas e lampiões de seu mundo do século XIX. Ele aparece exatamente no mesmo momento em que outros estudos romperam com os obstáculos e apresentam a solução de pontos igualmente obscuros e importantes, tanto à história do espiritismo quanto à autenticidade da obra de Allan Kardec. E, ainda, surge no mesmo momento em que farta documentação, guardada e quase perdida, começa a ser vasculhada e colocada a público, de modo a dar o sentido verdadeiro do pensamento, das ideias e das lutas do grande artífice dos livros que erigem esse monumento extraordinário chamado Doutrina Espírita.

O presente livro, na linha de uma revisão bibliográfica, tem igual valor. Seu autor dedicou horas e paciência para analisar, comparar e classificar as primeiras 16 edições de *O Livro dos Espíritos*, desde a inicial, com suas pouco mais de 500 questões, até as demais, com suas 1.019 perguntas definitivas. Seu objetivo é claro: compreender o desenvolvimento da doutrina a partir do livro primeiro e básico, desenvolvimento esse que desvela também a maneira como o pensamento de Allan Kardec adquiriu amplitude à medida em que recolhia informações e aprofundava reflexões sobre os novos documentos que lhe eram oferecidos pela comunidade de espíritos responsáveis por apresentar ao mundo um conhecimento ordenado e desconhecido, por isso mesmo originalíssimo enquanto síntese da realidade do mundo espiritual e suas relações com o mundo material.

Reforce-se: este *"Os livros dos espíritos"* chega em boa hora e vem se juntar a outros estudos de igual valor que nos últimos cinco anos se incorporaram à literatura espírita, em conteúdo até então desconhecidos, mas de importância inquestionável, na forma de contribuição inestimável no sentido de reposicionar Allan Kardec no contexto histórico, cujas consequências recairão, sem dúvida, na obrigatoriedade de alterar a direção dada equivocadamente à doutrina, direção que a está atirando na vala das religiões instituídas, onde ela perde o que possui de mais valioso: a proposta de autonomia do ser ante o progresso espiritual.

Importante registrar que o autor, Luís Jorge Lira Neto, dominado por um sentido cartesiano, antes de dar por finalizado este seu trabalho, levou-o a debate em duas respeitáveis instituições: a primeira, o Centro de Pesquisas e Documentação Espírita (CPDoc), com mais de 30 anos de existência e composto por valorosos espíritas de diversos campos do saber. Ali, durante uma tarde inteira, respondeu aos questionamentos formulados e esclareceu à banca formada sobre os aspectos diversos do estudo, ao fim do que reuniu grandes contribuições para melhoria do trabalho. A outra instituição é a Liga de Pesquisadores do Espiritismo, mais precisamente em seu Encontro realizado em agosto de 2019, na cidade de Fortaleza, onde apresentou um resumo do estudo e cujo texto se encontra incorporado ao livro de temas do evento. Aqui, neste volume, vai publicado o texto integral do estudo.

Aqueles que tiverem a paciência de acompanhar o Autor vão se ver de frente com o fato de que a Doutrina Espírita não surgiu pronta e menos ainda foi resultante das informações únicas dos espíritos. Perceberão que Kardec teve participação fundamental no seu desenvolvimento, estando muito acima de um simples repassador de pensamentos alheios, ainda que estes pensamentos tenham por origem os Espíritos Superiores.

Homem de seu tempo – o tempo da oportunidade para o aparecimento das novas verdades – recolheu, questionou, organizou e reorganizou, aprofundou e ampliou, deu sentido e ressignificou as informações que lhe chegaram, de modo a deixar claro que a doutrina que entregava ao mundo vinha com o selo do progresso permanente e o movimento contínuo do livre pensar. No mundo físico, o movimento é o eixo da vida; no mundo extrafísico, onde o pensamento domina, o movimento é a base da consciência.

Ao demonstrar na prática que a doutrina é movimento, contínuo e ascendente, Allan Kardec demarcou o espaço e a duração do espiritismo e estes são definidos em duas palavras: progresso permanente, ou seja, movimento. Abdicar do progresso será a morte.

São Paulo, 13 de agosto de 2019.

Wilson Garcia

Introdução

O *Livro dos Espíritos* é considerado o principal marco do Espiritismo, publicado em 18 de abril de 1857, data que representa o início da Doutrina Espírita, conforme observou Allan Kardec no último livro da Codificação Espírita - A Gênese[1]:

> O *Livro dos Espíritos*, a primeira obra que fez o Espiritismo entrar na trilha filosófica, mediante a dedução das consequências morais a partir dos fatos, e que abordou todas as partes da Doutrina, tocando nas mais importantes questões que propõe, tem sido, desde o surgimento, o ponto de união sobre o qual convergi-

1 Em nota de rodapé do item 52 do Capítulo I (KARDEC, 2018, p. 67).

> ram espontaneamente os trabalhos individuais. *É notório que a publicação desse livro data a era do Espiritismo filosófico, permanecido até então no campo das experiências para entreter a curiosidade.* (KARDEC, 2018, p. 67, grifo da análise).

O Livro inspirou vários autores encarnados e desencarnados a celebrá-lo com textos elucidativos e sua leitura é primordial para quem deseja entender os princípios básicos do Espiritismo, tal como Kardec o concebeu e organizou, segundo orientação dos Espíritos Superiores. O ato de compulsá-lo regularmente, principalmente em estudos sistematizados, mantém sua atualidade, evitando decair nos escaninhos das estantes, no amontoado de luzes adormecidas. Apesar de atribuir aos Espíritos a autoria do Livro, Kardec pautou-se por sua vasta experiência de escritor de livros didáticos e constituiu um livro que dialoga com o leitor, uma síntese da expressão de seu conhecimento polimático e de reconhecida capacidade sistemática.

Em contributo ao entendimento da elaboração desse Livro, bem como do processo evolutivo do texto ao longo das edições, foi desenvolvida esta análise comparativa de todos itens que o compõem, entre a primeira edição de 1857 e a segunda de 1860, incluindo os acréscimos, as supressões e as modificações de texto nas edições subsequentes até a 16ª edição de 1869, considerada a última antes do desencarne de Kardec (ver Cap. I), a consulta foi estendida, na medida da necessidade, às edições posteriores a 17ª e a 19ª. Utilizou-se o aplicativo de comparação de texto ABBYY FineReader 14 para verificar as diferenças textuais entre todas as edições originais citadas, tomando como base a 2ª Edição, 2ª Reimpressão. Antes, contudo, foi tecida discussão sobre a participação de Allan Kardec na elaboração da obra, como marco determinante na análise da evolução do texto. Foram quantificadas as questões da primeira edição aproveitadas na segunda, as excluídas com a sua destinação, bem como os novos questionamentos.

Esta análise comparativa foi beneficiada pelo acesso às seguintes obras e trabalhos: todas as edições originais do Livro, em meio digital, da 1ª até a 17ª e a 19ª; o artigo de Silvio Chibeni, que apresenta detalhadamente boa parte dos assuntos abordados nos itens 3 e 4 desta pesquisa; as traduções do Livro por Evandro Noleto Bezerra e, por fim, a pesquisa dos autores Gustavo Daré e Vital Ferreira, que por precedência, amplitude, conteúdo e rigor metodológico sugere-se leitura prévia. Pontos importantes desses trabalhos foram citados no decorrer do texto, mas instiga-se aos interessados a os lerem na íntegra.

CAPÍTULO I

As edições

É comum afirmar que a 2ª reimpressão da 2ª Edição de 1860 foi o texto definitivo da obra (CHIBENI, 2014, p.1), no entanto, Júlio Abreu Filho observou que *"Allan Kardec fez sucessivas ampliações em O LIVRO DOS ESPÍRITOS e só lhe deu caráter definitivo, que não mais se alterou, na 13ª edição.* [...]" (KARDEC, 1993, p.53, grifo da análise). Por outro lado, a Federação Espírita Brasileira - Feb informou na apresentação da segunda edição do Livro, lançada em 2006, que:

> Na sequência da 12ª edição do original francês, incluindo a 13ª, de 1865 (BNF nº R-39914) durante todo o restante período em que Allan Kardec esteve encarnado, não consta ter havido qualquer outra modificação, o que torna

> definitiva essa 12ª edição. (KARDEC, 2006, p. 15, grifo da análise).

Em relação à última edição lançada antes da desencarnação de Kardec, Camille Flammarion, em discurso proferido por ocasião do funeral de Allan Kardec, transcrito em parte na Revista Espírita de maio de 1869, informou: "*Todos sabeis que êxito alcançou essa obra [O Livro dos Espíritos], na França e no estrangeiro. Havendo atingido a 16ª edição [...]*" (REVISTA ESPÍRITA, 2005c, p. 197, inserção e grifo da análise)[2].

Nesse ponto levanta-se a hipótese, de que a 17ª Edição tenha sido a última edição preparada por Kardec, apesar de ser lançada após sua desencarnação. Primeiro ponto, verificou-se que é idêntica à 16ª Edição. Segundo ponto, ambas as edições são de 1869 e têm o mesmo editor, *Didier et Cie, Libraires-Éditeurs e coeditores Ledoyen, Dentu, Fréd. Henri*, e a mesma tipografia, *P. - A. Bourdier, Capiomont fils et Cie, rues des Poitevins, nº 6, Paris*. Diferentemente, a 19ª Edição de 1870, que tem como editor *A La Librairie Spirite*, no endereço *Rue de Lille, nº 7*, ou seja, foi editada pela Livraria Espírita, sendo a tipografia de *Rouge Freres, Dunon et Fresné, rue du Four, nº 43, Paris*. Esse fato chama atenção, porque em vários artigos publicados na Revista Espírita de

---

2 Barrera (2003, p.18) também se referiu à 16ª edição que fora publicada "*na morte de Allan Kardec, em 1869*".

1869 (REVISTA ESPÍRITA, 2005c, p.328) tem relatos de que Amelie Bourdet, viúva de Allan Kardec e a única herdeira dos direitos autorais de suas obras, criou em julho de 1869 a Sociedade Anônima Sem Fins Lucrativos e de Capital Variável da Caixa Geral e Central do Espiritismo, com o objetivo de dar continuidade às obras de Allan Kardec. Essa empresa mercantil editou a Revista Espírita e as demais obras do Espiritismo, de então, foi a responsável pela Livraria Espírita e tinha sede no mesmo endereço da livraria, *Rue de Lille, nº 7, em Paris*.

Por essas informações, é instigante inferir que a 17ª edição tenha sido a última edição preparada por Kardec, apesar de lançada após sua desencarnação. Provavelmente, a partir da 18ª Edição do Livro (não consultada) a Sociedade Anônima passou a editá-lo, atestada pela mudança da editora, como verificado na 19ª Edição de 1870.

Conforme acima citado, a Feb publicou em 2006 uma edição especial em língua portuguesa, em comemoração ao sesquicentenário do lançamento do Livro, traduzida por Evandro Noleto Bezerra com base nas edições originais 2ª, 4ª, 5ª, 6ª, 10ª e 12ª, existentes na Biblioteca de Obras Raras da Feb. O tradutor, através de notas, indicou no texto as alterações realizadas por Kardec a as respectivas edições, isso facilitou aos interessados o entendimento da tessitura de Kardec no texto original, laborando sobre pontos da Doutrina Espírita ainda em desenvolvimento.

Também, em função das comemorações, a Feb publicou mais duas obras do Livro: em 2007 a edição especial do original em francês da 2ª impressão da 2ª Edição de 1860, organizada por Evandro Noleto, sob a coordenação do Conselho Espírita Internacional - CEI, e publicada com as mesmas notas explicativas constantes na edição especial em português de 2006, suprindo assim as lacunas da edição similar anteriormente publicada em 1998, coordenada pelo mesmo Conselho[3]; e em 2013 a edição especial da *princeps*[4], também traduzida por Evandro Noleto, incluindo a reprodução integral do texto original em francês, ao final do Livro. Na presente análise foram utilizadas as seguintes edições, ver Quadro 1 a seguir.

Quadro 1 - Edições consultadas

Primeira Edição	
1857	A original *princeps*
1957	Tradução de Canuto de Abreu
2013	Tradução de Evandro Noleto

3 KARDEC, Allan. *Le Livre des Esprits*. Reprodução fotomecânica da 2ª impressão da 2ª edição francesa de 1860, com adendos do Autor. Trabalho em conjunto da FEB, CEI, USFF e IDE. Rio de Janeiro: FEB, 1998.

4 Canuto Abreu fez a versão em português da primeira edição de *O Livro dos Espíritos*, em face das comemorações do primeiro centenário do lançamento do Livro, publicada em 1957 pela Companhia Editora Ismael, São Paulo.

Demais Edições	
Originais	
1860	1ª impressão da 2ª, 2ª impressão da 2ª, 3ª e 4ª
1861	Nouvelle Edição e 5ª
1862	6ª, 7ª e 8ª
1863	9ª e 10ª
1864	11ª e 12ª
1865	13ª
1866	14ª
1867	15ª
1869	16ª e 17ª
1870	19ª
Atuais em língua francesa	
1998	Coordenada pelo CEI
2007	Coordenada pelo CEI, org. Evandro Noleto
Atuais em língua portuguesa	
1974	Herculano Pires
1980	Guillon Ribeiro
2006	Evandro Noleto

Fonte: do autor (2019).

Os textos aqui transcritos de *O Livro dos Espíritos* foram todos da tradução de Evandro Noleto, por ser o único, até o momento, que fez a tradução integral para o português das duas edições (1ª e 2ª). Isso facilitou o comparativo dos textos, por existir forte propensão do tradutor em usar a mesma estrutura de frases e palavras em textos semelhantes e, quando oportuno, alguns textos foram verificados nas demais traduções citadas e nas edições originais. As citações à segunda edição, quando não indicado de forma diferente, se refere tanto a própria quanto as demais edições, até a 16ª Edição.

As obras originais do Livro, em meio digital, foram obtidas em sítios na rede mundial de computadores: Biblioteca Nacional de França - BNF, Gallica da BNF, Kardecpedia e Google Book.

CAPÍTULO II

Kardec e o texto

De início, uma análise importante sobre qual parte do texto de *O Livro dos Espíritos* coube aos Espíritos e qual a participação de Allan Kardec na elaboração do texto da obra. Para facilitar, foram transcritos textos selecionados da primeira e da segunda edição do Livro, referentes à participação dos Espíritos Superiores e de Kardec, com comentários sobre as sutis mudanças na redação do texto entre as edições em comento, seguindo a ordem em que se situam na obra.

FOLHA DE ROSTO

1ª Edição – 1857

Escrito e publicado conforme o ditado e a ordem de Espíritos superiores. (KARDEC, 2013).

2ª Edição – 1860
SEGUNDO O ENSINAMENTO DADO PELOS ESPÍRITOS SUPERIORES COM O AUXÍLIO DE DIVERSOS MÉDIUNS. Recebidos e Ordenados por Allan Kardec. (KARDEC, 2006).

Na Folha de Rosto da primeira edição consta que o Livro foi *escrito e publicado* por *ordem de Espíritos superiores*, mas na segunda edição contém que os ensinamentos foram dados por esses espíritos *com o auxílio de diversos médiuns* e ordenados por Kardec. O texto foi ajustado pelo Codificador na parte inicial para melhor expressar a forma da sua participação e dos Espíritos Superiores na elaboração da obra. No entanto, a frase *por ordem e sob ditado de Espíritos Superiores* encontra-se nos Prolegômenos desde a primeira edição e permaneceu nas edições seguintes (ver Cap. II), conforme esclareceu Silvio Seno Chibeni:

> A frase 'escrito por ordem e sob ditado de Espíritos superiores' aparece nos Prolegômenos, em ambas as edições, mas ao encontrá-la o leitor já terá passado pela Introdução, e disporá de esclarecimentos mais extensos nos parágrafos adjacentes. Para figurar na folha de rosto a nova frase da 2ª edição é mais apropriada, por ser mais precisa e menos propensa a confusões. (CHIBENI, 2014, p. 4, grifo da análise).

PROLEGÔMENOS

1ª Edição – 1857

> Este livro é o repositório de seus ensinos. Foi escrito por ordem e sob o ditado de espíritos superiores, para estabelecer os fundamentos da verdadeira Doutrina Espírita, isenta dos erros e dos preconceitos. Nada encerra que não seja a expressão do pensamento deles e que não tenha sido por eles examinado. Só a ordem e a distribuição metódica das matérias, assim como a forma material de algumas partes da redação constituem obra daquele que recebeu a missão de o publicar. (KARDEC, 2013, p. 67, grifos da análise).

2ª Edição – 1860

> Este livro é o repositório de seus ensinos. Foi escrito por ordem e sob o ditado de Espíritos Superiores, para estabelecer os fundamentos de uma filosofia racional, isenta dos preconceitos do espírito de sistema. Nada contém que não seja a expressão do pensamento deles e que não tenha sido por eles examinado. Só a ordem e a distribuição metódica das matérias, assim como as notas e a forma de algumas partes da redação constituem obra daquele que

> recebeu a missão de o publicar. (KARDEC, 2006, p. 64, grifos da análise).

Nesses textos, Kardec afirma que sua participação no Livro se restringiu ao estabelecimento da *ordem* e da *distribuição metódica das matérias*, e *a forma de algumas partes da redação*. Mas, observa-se ao longo das obras da Codificação que ele foi além, como defendeu Silvio Chibeni:

> A concepção e condução de todo o programa de pesquisa espírita, em seus múltiplos desdobramentos, bem como a lucidez e precisão superiores de seus próprios textos, indicam de forma inconteste que Kardec não foi mero auxiliar dos Espíritos - exceção feita, é claro, ao Cristo, coordenador geral dos destinos da humanidade terrena, mas ao contrário, estes é que eram seus auxiliares; eles mesmos, aliás, reconheceram esse papel em diversas ocasiões. (CHIBENI, 2014, p. 8, grifos da análise).

No entanto, é importante frisar que os princípios espíritas têm origem nos Espíritos Superiores, tendo Kardec submetido os textos ao crivo desses Espíritos e só publicava aquilo que fora revisado e corrigido pelos mesmos, ver tópico a seguir.

NOTA – COLOCADA APÓS OS PROLEGÔMENOS[5]

1ª Edição – 1857

Nota - Os princípios contidos neste livro resultam das respostas dadas pelos Espíritos às questões diretas que lhes foram propostas, bem como das instruções que deram espontaneamente sobre as matérias que encerra. O material foi coordenado de maneira a apresentar um conjunto regular e metódico, não foi entregue à publicidade senão depois de ter sido revisto cuidadosamente, várias vezes seguidas, e corrigido pelos próprios Espíritos.

A primeira coluna contém as perguntas formuladas e as respostas textuais. A segunda encerra o enunciado da Doutrina sob forma corrente. São ambas, propriamente falando, duas redações ou duas formas diferentes do mesmo tema: uma tem a vantagem de apresentar, de alguma sorte, a feição das entrevistas espíritas; a outra, de permitir uma leitura sequencial.

Embora o assunto versado em cada coluna seja o mesmo, encerram, frequentemente, numa e noutra, pensamentos especiais que,

5 Kardec retirou essa Nota a partir da 10ª Edição de 1863, ver item 1 da Nota Explicativa (KARDEC, 1998).

mesmo quando não resultam de perguntas diretas, não deixam de ser o fruto das lições dadas pelos Espíritos, pois nenhuma há que não seja a expressão do pensamento deles. (KARDEC, 2013, pp. 69-70, grifos da análise).

2ª Edição – 1860

Nota – Os princípios contidos neste livro resultam das respostas dadas pelos Espíritos às questões diretas que lhes foram propostas em diversas ocasiões, por meio de grande número de médiuns, bem como das instruções que deram espontaneamente, a nós ou a outras pessoas, sobre as matérias que encerra. O material foi organizado de maneira a apresentar um conjunto regular e metódico, e não foi entregue à publicidade senão depois de ter sido revisto cuidadosamente, várias vezes seguidas, e corrigido pelos próprios Espíritos. Esta segunda edição também mereceu, da parte deles, novo e meticuloso exame.

O que vem entre aspas, em seguida às perguntas, é a resposta textual dada pelos Espíritos. O que está assinalado em letras menores, ou designado de modo especial para esse fim, compreende as notas e explicações aditadas pelo autor, e que também sofreram o controle

> dos Espíritos. (KARDEC, 2006, pp. 66-67, grifos da análise).

Essa Nota, apesar de ter sido excluída, apresentou informações sobre a participação dos Espíritos Superiores na elaboração do Livro e ressaltou que o texto foi revisto e corrigido pelos Espíritos, tanto na primeira quanto na segunda edição. Allan Kardec observou na 2ª Edição, que as notas e as explicações aditadas por ele em letras menores ou designado de modo especial, também passaram pelo controle dos Espíritos, constituindo um todo: perguntas, respostas e comentários. Segue opinião de Silvio Chibeni sobre esse assunto:

> Uma terceira observação refere-se ao cuidado que Kardec teve de submeter o texto, em suas duas edições, a acuradas verificações pelos Espíritos. Não que isso indicasse qualquer limitação de sua imensa capacidade analítica e independência intelectual; mas, dado que a obra explora um território quase que inteiramente novo, eram-lhe indispensáveis as informações colhidas dos Espíritos - testemunhas e participantes diretos da realidade espiritual, cuja investigação constitui o cerne da nova disciplina. Fazia-se, pois, mister, não assimilar relatos que se baseassem em observações parciais, sendo por isso que o controle amplo das

informações se mostrou indispensável. (CHIBENI, 2014, p. 7, grifos da análise).

NOTAS DE RODAPÉ

1ª Edição – 1857 – Pergunta nº 277

Fizemos uma modificação na disposição da matéria a partir desta parte do livro. Doravante, as duas colunas farão sequência uma da outra e não apresentarão duas partes distintas. Como precedentemente, as respostas *textuais* dadas pelos Espíritos seguem imediatamente as perguntas e são postas entre aspas. O que vem após as respostas constitui um desenvolvimento do assunto, emanado também dos Espíritos quanto ao fundo, mas não na forma, e afinal sempre revisto, aprovado e muitas vezes corrigido por eles. São ideias que emitiram parcialmente em diversas épocas, resumidas em estilo mais fluente, excluindo-se, todavia, o que formava dupla lição com o texto da resposta precedente. (KARDEC, 2013, p. 239, grifo no original e sublinhados da análise).

Aqui surge um questionamento quanto aos textos que seguem as respostas na primeira edição do Livro: **pode-se considerá-los como comentários de Kardec**

ou foram respostas dadas pelos Espíritos redigidas por ele *em estilo mais fluente*? A resposta encontra-se na nota acima transcrita, na qual Kardec afirmou que os textos colocados após as respostas ***"constitui um desenvolvimento do assunto"*, vindo também dos Espírito Superiores, mas ressalvou *"quanto ao fundo, mas não na forma"*, mas que passaram pela revisão e aprovação destes.**

Na segunda edição do Livro, observou-se que vários desses textos foram colocados em forma de perguntas e de respostas - identificou-se 68 ocorrências desse tipo (ver itens 5.4 e 5.5). Na opinião de Daré e Ferreira (200–, p. 10) os textos são da lavra de Kardec e que não ficou claro porque ele transferiu *"seu comentário pessoal da primeira edição para a posição de resposta para a segunda edição"* e levantaram uma hipótese:

> [...] que, apesar dos comentários serem de criação do autor, como mantinha a coerência com as ideias dos Espíritos, sua transferência para a posição de resposta pareceu-lhe ético, pois não feria o conteúdo apresentado pelos Espíritos. (DARÉ e FERREIRA, 200–, p. 10).

Em outro sentido, Evandro Noleto afirmou que a dificuldade se encontra por tomarem esses textos como "comentários" exclusivos do Codificador:

> Alguns comentários, ou parte deles, normalmente atribuídos a Allan Kardec na 1ª edição deste livro, e que aparecem na segunda coluna da edição original, foram *incorporados*, mais tarde, às respostas dos Espíritos da Codificação, o que lhes aumentou substancialmente a redação e as complementou. [...]. (KARDEC, 2013, p. 239, grifo da análise).

De fato, ao ser examinada criteriosamente a redação desses textos, verifica-se que estão aderentes à afirmativa de Kardec de que são o desenvolvimento dos ensinos dos Espíritos, dados em diversas épocas, redigidos de forma mais fluente (2013, p. 239).

Diante disso pergunta-se: **é plausível considerar Kardec coautor desses textos, apesar de os princípios não serem criação sua?** Essa opinião é defendida por alguns escritores, dentre eles destaca-se Chibeni:

> A concepção e condução de todo o programa de pesquisa espírita, em seus múltiplos desdobramentos, bem como a lucidez e precisão superiores de seus próprios textos, indicam de forma inconteste que Kardec não foi mero auxiliar dos Espíritos [...]. (CHIBENI, 2014, p. 8).

Assim como Hermínio Miranda (2007, p. 9-18 apud KARDEC, 2013, p. 24) "*[...] é, no entanto, a despeito de si mesmo, mais do que simples colaborador, para alcançar o estágio de um coautor quanto ao plano expositivo e às obras subsequentes"*. Mais detalhes sobre a participação de Kardec ver Abreu (1957, p. XV), Thiesen e Wantuil (1987, vol. II, p. 84) e Evandro Noleto no item IV - O Papel de Allan Kardec na Codificação Espírita (KARDEC, 2013, p. 24).

2ª Edição - 1860 - Pergunta nº 1

> O texto colocado entre aspas, em seguida às perguntas, é a própria resposta que os Espíritos deram. Distinguiu-se com letra menor as notas e explicações aditadas pelo autor, sempre que havia possibilidade de confundi-las com o texto da resposta. Quando formam capítulos inteiros, não sendo possível a confusão, conservou-se a letra comum. (KARDEC, 2006, p. 71, grifo da análise).

Essa Nota de Rodapé, inserida na pergunta nº 1, Kardec informou que **destacou com letra menor as notas e explicações, inseridas por ele, para não as confundir com o texto das respostas que vinha entre aspas**, no entanto, os ditos "comentários" e "notas", apesar de serem redigidos por Kardec, também foram submetidos ao crivo dos responsáveis espirituais pela implantação da Doutrina Espírita, como informado nos Prolegômenos. Daré e Ferreira (200–, p. 10) concluíram que na segunda edição do Livro o objetivo pedagógico de Kardec se sobrepôs ao objetivo científico e que *"A prioridade é a fidedignidade ao conteúdo e não ao texto"*.

Apesar de Kardec afirmar nos Prolegômenos (KARDEC, 2006, p. 64) que sua participação no Livro se restringiu ao estabelecimento da ordem e da distribuição das matérias, e a forma de redação de algumas partes, verifica-se que ele teve a capacidade de extrair um conjunto de ideias e de princípios a partir das diversas comunicações recebidas, os "ditados" dos Espíritos, que devidamente coletados, coligidos e observados no campo prático da fenomenologia espírita, formaram o corpo doutrinário espírita, consolidado através de um sistema de controle, por ele instituído, denominado de Controle Universal do Ensino dos Espíritos:

> A única garantia séria do ensino dos Espíritos está na concordância que exista entre as revelações que eles façam espontaneamente, por meio de grande número de médiuns estranhos uns aos outros, e em diversos lugares. (KARDEC, 2017, p. 18).

Segundo estudo sobre o método aplicado por Kardec, na análise das comunicações mediúnicas, Pimentel (2014, p. 72) esclarece que *"o objetivo era criar regras eficazes para eliminar as contradições existentes na linguagem dos espíritos que causavam incertezas sobre o real valor das comunicações"*.

Portanto, Allan Kardec agiu como bom pedagogo, dispondo as matérias a serem conhecidas em forma de argumentos, respostas e comentários facilitando à compreensão dos assuntos, um todo conexo com as informações dos Espíritos, conforme ele mesmo expressou na nota colocada logo após os Prolegômenos:

> O material foi organizado de maneira a apresentar um conjunto regular e metódico, e não foi entregue à publicidade senão depois de ter sido revisto cuidadosamente, várias vezes seguidas, e corrigido pelos próprios Espíritos. (KARDEC, 2006, p. 66).

Por tudo isso, entende-se que a participação de Kardec na elaboração da Codificação Espírita foi abrangente, o que contradita a opinião de considerar somente as respostas como ensino dos Espíritos Superiores, reduzindo as perguntas e os "comentários de Kardec" a complemento desses ensinamentos. O próprio Codificador desfaz essa dúvida no livro *A Gênese*, sobre sua participação na elaboração da Doutrina Espírita, qual seja, um observador atento, um estudioso dos fenômenos espíritas, oferecendo ao público o resultado de suas deduções num corpo filosófico, conforme transcrição abaixo:

> Nosso papel pessoal, no grande movimento das ideias que se prepara pelo Espiritismo, e já se inicia, é de um observador atento que estuda os fatos para deduzir a causa e extrair as consequências. Temos confrontado todos que nos foi possível reunir. Temos comparado e comentado as instruções dadas pelos Espíritos em todos os pontos do globo, e depois coordenamos metodicamente o conjunto. Em resumo, temos examinado meticulosamente e dado ao público o fruto das nossas pesquisas, sem atribuir aos nossos trabalhos valor maior que o de uma obra filosófica deduzida da observação e da experiência sem jamais nos colocarmos como chefe de doutrina, nem nossas ideias a ninguém. [...] (KARDEC, 2018, p. 64, grifos da análise).

CAPÍTULO III

Análise comparativa entre as edições

(1ª, 2ª e até a 16ª)

Segue análise do destino dos textos da 1ª Edição do Livro inseridos na 2ª Edição, bem como, dos acréscimos ocorridos até a 16ª Edição de 1869, e quando necessário ampliou-se para as edições 17ª e 19ª. O Livro foi analisado com base na estrutura da primeira edição, complementada com itens da segunda edição. Foram contempladas algumas notas, avisos e informes dos editores, apesar de não pertencerem ao corpo principal do Livro, nem por isso deixam de ter relevância no contexto historiográfico da obra magna do Espiritismo.

Na tradução da primeira edição, Evandro Noleto indicou no texto, entre colchetes, as questões, as respostas e os comentários que permaneceram na segunda edição. Nessa análise comparativa foi realizado o caminho inverso, identificou-se na 2ª Edição os textos advindos da primeira edição e foi considerado **qualquer texto (pergunta, resposta ou comentário) desde que encerrasse uma ideia**. Observou-se, também, que múltiplas questões da primeira Edição foram aglutinadas em uma única questão da segunda edição, e vice-versa, portanto, algumas questões de determinado capítulo da primeira edição necessariamente não se encontram em capítulos correlatos da segunda edição, interferindo na contagem das questões[6] (ver ANEXO C).

Quadro 2 - Estrutura das edições

1ª Edição - 1857	2ª Edição - 1860
Nota na Abertura	///
///	Obras do mesmo autor
Folha de rosto	Folha de rosto
///	Aviso
Introdução (sem numeração)	Introdução (numerada I a XVII)
Prolegômenos	Prolegômenos
///	Nota (Suprimida na 10ª edição)
Três Livros	Quatro Livros
24 Capítulos	29 Capítulos
501 perguntas numeradas	1019* perguntas numeradas
417 subitens (perguntas associadas)	197 subitens (perguntas associadas)

6 Para uma análise mais aprofundada ver pesquisa de Daré e Ferreira (200-).

Total 918 questões	Total 1216 questões
Texto após perguntas 389	Comentário após perguntas195
Epílogo	Conclusão (numerada de I a IX)
17 Notas	///
Índice Remissivo	Índice Remissivo
Índice Alfabético	///
///	Errata (apenas na 6 e 7ª edições)
///	Prospecto da Revista Espírita
* Ver Baldovino (2014, p. 2) sobre a questão da numeração da pergunta 1011, que influenciou a numeração final do Livro em 1019. Nesta análise foi seguida a numeração da tradução da 1ª e 2ª edições por Evandro Noleto.	

Fonte: do autor (2019).

A estrutura base da segunda edição não sofreu modificações nas edições seguintes, a exceção da retirada do Aviso, da Nota após os Prolegômenos, da Errata e do Prospecto sobre a *Revista Espírita*, que constou em algumas edições (consulta até a 16ª Edição).

Registra-se um fato interessante encontrado na publicação da primeira edição do livro *O Que é o Espiritismo* (Kardec, 1859). Nas últimas páginas do livro consta a reprodução de um quinto livro, com o título Manifestação dos Espíritos. Deduz-se que Kardec modificou o plano da obra antes de o publicar, na sua segunda edição de 1860, inclusive com a exclusão desse Livro Quinto. Maiores detalhes ver Ferreira (2010 e 2011).

Neste comparativo não foi considerado o uso de textos integrantes das obras lançadas por Kardec no interregno das edições do Livro, a exemplo da *Revista Espírita, Instrução Prática sobre as Manifestações Espíritas* (1858), *O Que é o Espiritismo?* (1859), entre outras. Portanto, a análise se restringiu aos textos que compõem as edições de *O Livro dos Espíritos*, não situando textos introduzidos por Kardec no Livro advindos de outras obras de sua lavra.

NOTA

1ª Edição – 1857

Há uma nota logo na abertura do Livro, que diz: "*Nota. – As pessoas que teriam comunicações a fazer ao autor* do Livro dos Espíritos, *são solicitadas a lhes endereçar (por cartas franqueadas) ao abrigo de M. Dentu, livreiro*" (KARDEC, 1857, grifo no original, tradução da análise). Este livreiro francês foi Henri-Justin-Édouard Dentu, responsável pela Editora Dentu herdada de seu pai, editou e publicou a primeira edição de *O Livro dos Espíritos* e outras obras de Kardec[7]. Essa Nota não consta nas traduções acima citadas, apenas nas edições originais e na reprodução eletrônica inserida na edição da Feb de 2013. Também consta uma nota de rodapé com a indicação da tipografia e local da impressão do Livro: "*le BEAU, à Saint-Germain-en-Laye*" (KARDEC, 1857), pequena cidade localizada nos arredores de Paris.

7 Ver Chibeni (2014, p. 4).

2ª Edição – 1860

Na segunda edição, esse texto aparece como nota de rodapé na nota de abertura do Livro sob o título Obras do Mesmo Autor. Nessa edição, também houve a mudança do editor para *Didier et Cie, Libraires – Éditeurs* e como co-editor *Ledoyen*, que permaneceram até a 7ª Edição de 1861. A partir da 8ª Edição foram coeditores *Ledoyen, Dentu* e *Fréd. Henri*, que permaneceram até a 17ª Edição de 1869. Segundo informado na *Revista Espírita* de janeiro de 1866 (Revista Espírita, 2004i, p.24), o Sr. Didier, editor das obras Kardec e seu amigo, desencarnou em 1865 quando estava impressa a 14ª Edição do Livro. Na 2ª Edição a tipografia passou para *P. A. Bourdier et Cie, rua Mazarine, número 30, em Paris*, a qual imprimiu as edições seguintes até a 15ª Edição. Na 16ª Edição de 1869 a tipografia mudou de nome e endereço para *P. A. Bourdier, Capiomont fils et Cie, rue des Poitevins, número 6, em Paris.*

OBRAS DO MESMO AUTOR

2ª Edição – 1860

Consta uma nota na abertura da segunda edição com o título Obras do Mesmo Autor, informando as obras até então lançadas por Kardec: *O Que é o Espiritismo?* (1859), *Instruções Práticas Sobre as Manifestações Espíritas* (1858) e *Revista Espírita* (a partir de 1858). Informava, ainda, a existência de um prospecto detalhado dessa revista ao final do índice. Esse prospecto foi localizado em algumas edições de *O Livro dos Espíritos* (ver Cap. III). Por fim, comunicava a publicação de um livro que seria a continuação de *O Livro dos Espíritos* a ser lançado em abril de 1860:

> Na imprensa para aparecer em abril de 1860.
>
> O ESPIRITISMO EXPERIMENTAL, continuação de *O LIVRO DOS ESPÍRITOS*, contém o ensino especial dos Espíritos sobre a teoria de todos os gêneros de manifestações e os meios de comunicação com o mundo invisível, bem como numerosos exemplos como aplicações e assuntos de estudo. Um volume grande in-18, no plano de *O Livro dos Espíritos*. (KARDEC, 1860b, tradução da análise).

Na 3ª Edição do Livro, de 1860, o título dessa futura obra foi alterado para *O Livro dos Médiuns*. De fato, em 1861 foi publicado *O Livro dos Médiuns* ou *Guia dos Médiuns e dos Evocadores*, no qual Kardec pôs no frontispício a frase Espiritismo Experimental[8]. Esse livro substituiu o opúsculo *Instruções Práticas* já esgotado à época (KARDEC, 2009a, p.15). Nas edições posteriores, essa nota foi sendo ampliada para constar as demais obras de Kardec, excetuando-se o livro *A Gênese*

8 Ver Chibeni (2014, p. 4).

(1868) - constatada na 19ª Edição de 1870 e em outras obras da Codificação Espírita.

FOLHA DE ROSTO

2ª Edição - 1860

Observa-se na segunda edição que foi acrescentado o título Filosofia Espiritualista[9], acima do título principal *O Livro dos Espíritos*. No item que descreve o conteúdo do Livro foi acrescentado *"sobre a imortalidade da alma"* e suprimiu *"suas manifestações"*[10] (KARDEC, 2006). E como abordado anteriormente, substituiu a frase *"Escrito e publicado conforme o ditado e a ordem de espíritos superiores, por Allan Kardec"*, por outra mais precisa e completa:

> Segundo o ensinamento dado pelos Espíritos superiores com o auxílio de diversos médiuns, recebidos e ordenados por Allan Kardec. Segunda edição, totalmente refundida e aumentada consideravelmente. (KARDEC, 2006).

AVISO

Na segunda edição, depois da Folha de Rosto, Kardec escreveu um aviso para destacar a diferen-

---

9 Ibid., p. 2.

10 O Capítulo X do Livro Primeiro foi suprimido na 2ª Edição, ver Cap. 3 desta análise.

ça com a primeira edição, elucidando o anuncio, que fizera no Epílogo da mesma, de que publicaria a segunda parte do Livro: *"A próxima publicação, que será continuação dos três livros contidos nesta primeira obra"* (KARDEC, 2013, p. 346). O tradutor Evandro Noleto, em nota nessa mesma página, presume ser *O Livro dos Médiuns* em oposição a Canuto Abreu (1957, p. 158) que opinou pelo opúsculo - *As Instruções Práticas sobre as Manifestações Espíritas*, de 1858. Mas, nesse Aviso inserido na segunda edição, Kardec o inicia afirmando: *"Na primeira edição desta obra havíamos anunciado uma parte suplementar"*, mas preferiu *"esperar a reimpressão do livro para fundir tudo conjuntamente"*, passando a considerar essa reimpressão uma nova obra (KARDEC, 2006, p. 19). Silvio Chibeni concluiu (2014, p. 5) que a obra citada por Kardec como suplemento de *O Livro dos Espíritos* tratava-se realmente da segunda edição do Livro, sobretudo porque Kardec anunciou no último parágrafo desse Aviso a publicação de um volume contendo *"as respostas* dadas a todas as questões relativas às manifestações e aos médiuns, *bem como numerosos comentários sobre* o Espiritismo Prático" e que *"Essa obra será a continuação ou o complemento de O Livro dos Espíritos"* (KARDEC, 2006, p. 20, grifo no original).

Em seguida ao aviso, tem uma nota de rodapé com a citação *"No prelo"* inserida na 2ª Edição. Segundo opinião de Silvio Chibeni (2014, p. 5) *"A obra que Kar-*

dec anuncia estar no prelo é, pois, O Livro dos Médiuns, cuja primeira edição é de 1861". O próprio Kardec informou, em nota, na *Revista Espírita* de julho de 1860, que houve atraso na publicação da continuação de *O Livro dos Espíritos*, intitulado Espiritismo Experimental, que deveria vir a lume em abril de 1860:

> Anunciamos a continuação de *O Livro dos Espíritos* sob o título de Espiritismo Experimental, e que deveria ter sido publicado em abril último. O trabalho foi retardado por algumas circunstâncias independentes de nossa vontade e, sobretudo, pela maior importância que julgamos dever lhe dar. Hoje está no prelo. Sua data de aparição será conhecida posteriormente. (REVISTA ESPÍRITA, 2004c, p.332).

Provavelmente, Kardec planejava lançar *O Livro dos Médiuns* junto com a segunda edição de *O Livro dos Espíritos* no ano de 1860, consubstanciando a base filosófica com a experimental, ou seja, a teoria espírita e sua praxe, compondo o arcabouço filosófico da Doutrina Espírita.

INTRODUÇÃO

2ª Edição – 1860

A maior parte dos textos da Introdução da primeira edição foi aproveitada na segunda edição, com algumas supressões. O título de *Introdução ao Estudo da Doutrina Espírita*, permaneceu o mesmo e foi retirada a frase "*Respostas a várias objeções*" que seguia o título (KARDEC, 2006, p. 19). Para facilitar a leitura, Kardec segmentou o texto da Introdução e os numerou com algarismos romanos de I a XVII. Interessante observar no item VI da introdução, onde consta o resumo dos pontos mais importantes da Doutrina Espírita, foram colocadas aspas na 2ª Edição, indicando como respostas textuais dos Espíritos. Na segunda edição a última nota da introdução, a de número XVII, é o Epílogo ampliado da primeira edição.

PROLEGÔMENOS

2ª Edição – 1860

Os textos dos Prolegômenos foram aproveitados, praticamente, por completo na segunda edição, a exceção de um parágrafo e a redação do parágrafo referenciado no Cap. III da presente análise. Observa-se a substituição do termo "*da verdadeira doutrina espírita*" da primeira edição para "*de uma filosofia racional*" na segunda edição. Modificação bastante reveladora da evolução do pensar acerca do cerne da Doutrina Espírita, agora revestida de caráter "*de uma filosofia racional, isenta dos preconceitos do espírito de sistema*", condizente com o título de Filosofia Espiritualista que adorna o frontispício da página de rosto a partir da 2ª Edição do Livro.

As assinaturas dos Espíritos Coordenadores da Doutrina Espírita, que estavam localizadas na última nota (XVII) da primeira edição, foram realocadas para o final dos Prolegômenos na segunda edição, com alterações e acréscimos. Na primeira edição eram oito nomes: João Evangelista, Sócrates, Fénelon, São Vicente de Paulo, Hahnemann, Flanklin, Swedenborg e Napoleão I (KARDEC, 2013, p. 364). Na segunda edição houve a supressão de dois nomes: Hahnemann e Napoleão I e a inclusão de quatro nomes: Santo Agostinho, São Luís, o Espírito Verdade e Platão, ressalta-se que foram espíritos relevantes na elaboração da Codificação Espírita, inclusive o seu Coordenador, O Espírito Verdade (KARDEC, 2006, p. 66). No ANEXO B consta a biografia resumida de todos eles.

NOTA – COLOCADA APÓS OS PROLEGÔMENOS

2ª Edição – 1860

Em complemento ao explanado anteriormente no Cap. III dessa análise, essa Nota foi suprimida a partir da 10ª Edição de 1863, provavelmente, porque parte do seu texto, o segundo parágrafo, compõe a Nota de Rodapé da pergunta nº 1. A Feb recolocou-a na edição especial de 2006 (KARDEC, 2006, p. 66).

LIVRO PRIMEIRO – DOUTRINA ESPÍRITA

Com o intuito de facilitar a análise comparativa, as questões do Livro Primeiro da 1ª Edição foram correlacionadas com as questões do Livro Primeiro e Segundo da 2ª Edição, em conjunto.

Tabela 1 - Comparativo do Livro Primeiro - Doutrina Espírita - 1ª e 2ª Edições

Doutrina Espírita	Livros	Cap.	Perg.	Sub.	Total	Aproveit. 1ªEdição	(%)	Excluídas 1ªEdição	(%)	Novas 2ªEdição	(%)
1ªEdição 1857	1º	10	276	274	550	345	63%	205	37%	///	
2ªEdição 1860	1º, 2º	15	613	136	749	///				443	59%
Diferença	1	5	337	-138	199	345	63%	205	37%	443	59%

Fonte: do autor (2019).

Observa-se na Tabela 1 que houve um aumento entre as edições de 199 questões (36%). Kardec aproveitou da primeira edição 345 questões (63%), por conseguinte excluiu 205 questões (37%). Porém, a segunda edição foi composta com 443 novos questionamentos (59%). Portanto, a mudança foi mais ampla do que o acréscimo absoluto de questões. Dos dez capítulos do Livro Primeiro da 1ª Edição, nove foram aproveitados e excluído o décimo capítulo - Manifestação dos Espíritos. Foram acrescentados seis outros capítulos: Elementos Gerais do Universo, Considerações sobre a Pluralidade das Existências, Vida Espiritual, Retorno à Vida Corporal, Ocupações e Missões dos Espíritos e Os Três Reinos (ver Quadro Geral ANEXO D). Outros tiveram mudanças na nomenclatura, Mundo Corpóreo passou a ser Princípio

Vital e Mundo Espiritual ou dos Espíritos ficou apenas Espíritos.

O capítulo excluído, das Manifestações dos Espíritos, continha 164 questões, das quais 76 foram aproveitadas em *O Livro dos Médiuns*. Consequentemente, 88 questões foram excluídas. Isso demonstra que Kardec teceu explicações da prática mediúnica desde a primeira edição de *O Livro dos Espíritos*. O tema mediunidade foi desenvolvido por Kardec na brochura Instruções Práticas sobre Manifestações Mediúnicas, de 1858 e, posteriormente, de forma abrangente na obra *O Livro dos Médiuns*, publicado em 1861. Com a exclusão do Décimo Capítulo ficou mantida a proporcionalidade dessa parte de *O Livro dos Espíritos* em relação às demais: na primeira edição cerca de 60% das questões situam-se no Livro Primeiro, enquanto na segunda edição 62% das questões formam os dois primeiros livros.

Quantitativamente, os capítulos que mais tiveram questões aproveitadas foram: Mundo Espiritual ou dos Espíritos, Diferentes Encarnações dos Espíritos e Intervenções dos Espíritos no Mundo Corpóreo. Os capítulos que tiveram novas questões destacam-se: Vida Espiritual, Intervenção dos Espíritos no Mundo Corporal e Retorno à Vida Corporal. (ver Quadro Geral ANEXO D).

Por mera especulação, se considerar a exclusão do décimo capítulo como opção do Codificador em concentrar esse tema em obra específica, mais desenvolvida, e excluir da base de comparação as 164 questões desse capítulo, então o percentual de exclusão seria cerca de 11% em vez de 37% do total. Em suma, das 550 questões do Livro Primeiro da 1ª Edição foram aproveitadas 421 (77%), sendo 345 questões na 2ª Edição de *O Livro dos Espíritos* e outras 76 em *O Livro dos Médiuns*, consequentemente, 129 questões (23%) do Livro Primeiro da 1ª Edição não foram aproveitadas (ver Cap. III).

Por outro lado, Kardec ampliou o tema Reencarnação na segunda edição do Livro, notadamente em quatro capítulos no Livro Segundo (4º, 5º, 6º e 7º). Sem dúvida esse foi o princípio mais delicado da Codificação, segundo as próprias palavras do mestre lionês na Revista Espírita de novembro de 1858:

> Quando a doutrina da reencarnação nos foi ensinada pelos Espíritos, estava tão distante do nosso pensamento que, sobre os antecedentes da alma, havíamos construído um sistema completamente diferente, partilhado, aliás, por muitas pessoas. (REVISTA ESPÍRITA, 2004a, p. 446).

Além do tema sensível da Reencarnação, Kardec introduziu outro assunto bastante polêmico, a Evolução do Espírito partindo do princípio inteligente primordial. Uma importante antecipação de conceitos bioespirituais, ainda latentes na Ciência atual (ver capítulo Os Três Reinos, da 2ª Edição).

LIVRO SEGUNDO – LEIS MORAIS

Aqui, também, para facilitar a análise comparativa entre as duas edições, foi relocado o capítulo Perfeição Moral dos Homens que estava no Livro Terceiro da 1ª Edição para o Livro Segundo, igualando a estrutura de capítulos dessa parte do Livro entre as edições.

Tabela 2 - Comparativo do Livro Segundo - Leis Morais - 1ª e 2ª Edições

Leis Morais	Livros	Cap.	Perg.	Sub.	Total	Aproveit. 1ªEdição	(%)	Excluídas 1ªEdição	(%)	Novas 2ªEdição	(%)
1ªEdição 1857	2º	12	182	124	306	283	92%	23	8%	///	
2ªEdição 1860	3º	12	306	44	350	///				105	30%
Diferença	-	-	124	-80	44	283	92%	23	8%	105	30%

Fonte: do autor (2019).

Allan Kardec praticamente não introduziu grandes mudanças no Livro Leis Morais, aproveitou todos os capítulos, apenas realocou o capítulo Perfeição Moral do Homem, que estava no Livro Terceiro da 1ª Edição para o Livro Segundo da 2ª Edição, ampliando essa parte do Livro de 11 para 12 capítulos e ajustou o nome para Perfeição Moral. É bem provável que a motivação foi aglutinar nas Leis Morais todo seu desenvolvimento: da causa - as Leis Morais, ao efeito

– a Perfeição Moral. Verifica-se pelos dados da Tabela 2 que houve um acréscimo em números absolutos, de apenas 44 questões (14%), sendo aproveitadas 283 questões (92%) da primeira edição e excluídas apenas 23 questões (8%). A segunda edição teve 105 novos questionamentos (30%).

Os capítulos com mais questões aproveitadas foram: Lei de Destruição e Lei de Liberdade. Quanto aos capítulos com maior quantitativo de novas questões destacam-se: Lei de Liberdade, ampliou temas como fatalidade, conhecimento do futuro e Perfeição Moral, com os temas virtudes e vícios, egoísmo e conhecimento de si mesmo.

LIVRO TERCEIRO – ESPERANÇAS E CONSOLAÇÕES

Em decorrência do ajuste realizado no item anterior, com a realocação do capítulo Perfeição Moral dos Homens, o comparativo dessa parte do Livro foi realizado com os dois últimos capítulos.

Tabela 3 - Comparativo do Livro Terceiro - Esperanças e Consolações - 1ª e 2ª Edições

Esperanças Consolações	Livros	Cap.	Perg.	Sub.	Total	Aproveit. 1ªEdição	(%)	Excluídas 1ªEdição	(%)	Novas 2ªEdição	(%)
1ªEdição 1857	3º	2	43	19	62	55	89%	7	11%	///	
2ªEdição 1860	4º	2	100	17	117	///				48	41%
Diferença	-	-	57	-2	55	55	89%	7	11%	48	41%

Fonte: do autor (2019).

No Livro Esperanças e Consolações, Kardec praticamente dobrou o quantitativo de questões, de 62 passou para 117 (89%) e transferiu o capítulo Perfeição Moral do Homem situado no Livro Segundo na 1ª Edição para o Livro Terceiro na 2ª Edição, reduzindo assim de 3 para 2 capítulos. Todos os capítulos da primeira edição foram inseridos na segunda. Os dados da Tabela 3 indicam que da primeira edição foram aproveitadas 55 questões (89%) e excluídas apenas 7 (11%). O quantitativo de novas questões da segunda edição foi de 48 (41%). O capítulo que teve mais questões aproveitadas e novas foi Penas e Recompensas Futuras.

SUMÁRIO DOS QUATRO LIVROS

Segue a Tabela 4 com o total dos livros que compõem *O Livro dos Espíritos*.

Tabela 4 - Comparativo de todas as questões de *O Livro dos Espíritos* - 1ª e 2ª Edições

Livro dos Espíritos	Livros	Cap.	Perg.	Sub.	Total	Aproveit. 1ªEdição	(%)	Exccluída 1ªEdição	(%)	Novas 2ªEdição	(%)
1ªEdição 1857	1º, 2º, 3º	24	501	417	918	683	74%	235	26%	///	
2ªEdição 1860	1º, 2º, 3º, 4º	29	1019	197	1216	///				596	49%
Diferença	1	5	518	-220	298	683	74%	235	26%	596	49%

Fonte: do autor (2019).

Constata-se pelas informações da Tabela 4, que no total houve um acréscimo de 298 questões (32%) entre as edições do Livro. Da primeira edição foram aproveitadas 683 questões (74%) e excluídas 235 questões (26%). A segunda edição foi composta com 596 novas questões (49%). Praticamente, todos os capítulos foram inseridos na 2ª Edição, a exceção do capítulo Manifestações dos Espíritos. A título exemplificativo, considerando-se as 76 questões aproveitadas em *O Livro dos Médiuns*, o percentual de aproveitamento das questões da primeira edição sobe de 74% para 83%, consequentemente, o percentual da exclusão reduz para 17%.

Esses números demonstram o quanto Kardec laborou na nova edição de *O Livro dos Espíritos*: renovou praticamente 50% das questões; aproveitou 74% das questões da primeira edição; deu nova feição aos temas mais sensíveis, tais como Reencarnação e Os Três Reinos; além disso, Kardec manteve o equilíbrio entre o quantitativo das questões, quando se compara o somatório das questões do Livro Primeiro e do Livro Segundo, juntos representam 62% do Livro, com a soma das questões do Livro Terceiro e do Livro Quarto, que contém 38% do total (ver ANEXO D).

DESTINO DAS QUESTÕES RETIRADAS DA 1ª EDIÇÃO

Pergunta-se, **quais capítulos foram mais atingidos? Qual o fim das questões suprimidas da 1ª Edição? Que impacto teve sobre o conteúdo doutrinário?** Para responder a estes questionamentos, adotou-se como método: 1º listar os dez capítulos com maior quantitativo de questões excluídas; 2º classificar o destino das questões retiradas; e 3º avaliar o grau de relevância em relação ao conteúdo doutrinário. Define-se como relevância no conteúdo doutrinário, o quanto a questão contribui no esclarecimento dos princípios básicos da Doutrina Espírita.

Na Tabela 5 apresenta o resultado do Item 1º do método, com os dez capítulos com o maior número de questões excluídas, dentre estes destacam-se: Manifestações dos Espíritos, Mundo Espiritual ou dos Espíritos e Intervenções dos Espíritos no Mundo Corpóreo, todos referentes à mediunidade. Provavelmente, porque Kardec lançaria um ano depois *O Livro dos Médiuns*, com amplo conteúdo sobre a Mediunidade.

Tabela 5 – Questões excluídas da 1ª edição

Nº	Título	Quant. Excl. da 1ª Edição	(%)
1	Manifestações dos Espíritos	164	69,8%
2	Mundo Espiritual ou dos Espíritos	10	4,3%
3	Intervenções dos Espíritos no Mundo Corpóreo	9	3,8%
4	Diferentes Encarnações dos Espíritos	7	3,0%
5	Lei Divina ou Natural	7	3,0%
6	Penas e Recompensas Futuras	7	3,0%
7	Encarnação dos Espíritos	6	2,6%
8	Emancipação da Alma Durante a Vida Corpórea	4	1,7%
9	Lei de Adoração	4	1,7%

10	Lei de Liberdade	4	1,7%
-	Demais	13	5,0%
	Total	235	100%

Fonte: do autor (2019).

Na Tabela 6, encontra-se o resultado dos itens 2º e 3º do método. As questões retiradas foram classificadas quanto a destinação em: Substituídas, Relocadas para *O Livro dos Médiuns* e Excluídas. A avaliação da relevância no conteúdo doutrinário foi definida em: Grau 1 - sem relevância, Grau 2 - baixa relevância, Grau 3 - média relevância e Grau 4 - alta relevância.

Tabela 6 - Destino e grau de relevância das questões excluídas da 1ª edição

	Grau de Relevância				Total	(%)
	1	2	3	4		
Substituídas por outras perguntas	2	5	3	13	**23**	**10%**
Relocadas para o *Livro dos Médiuns*	13	31	23	9	**76**	**32%**
Excluídas	35	56	35	10	**136**	**58%**
Total	50	92	61	32	**235**	**100%**
(%)	21%	39%	26%	14%	**100%**	

Fonte: do autor (2019).

Observa-se, que das 235 questões retiradas da primeira edição do Livro, 99 questões (42%) tiveram seus conteúdos absorvidos por substituição ou foram relocadas para *O Livro dos Médiuns*, as demais 136 questões (58%) não foram encontradas nas demais obras da Codificação. Ressalta-se que 88 questões eram do capítulo excluído - Manifestações dos Espíritos. Quanto ao grau de relevância do conteúdo doutrinário tem-se que 60% das questões tem baixa relevância (Grau 1 e 2). Nota-se percentual maior do grau de relevância na quantidade de Substituídas por outras Perguntas, de 13 em 23 questões (57%). Das 76 questões aproveitadas em *O Livro dos Médiuns*, 26 questões foram para o capítulo Evocações, 20 para o capítulo Perguntas que se Podem Fazer aos Espíritos, 8 para capítulo Papel dos Médiuns nas Comunicações Espíritas e as 22 restantes para 11 capítulos diversos.

NOVAS QUESTÕES INSERIDAS NA 2ª EDIÇÃO

Pergunta-se: **percentualmente, quais capítulos tiveram maior quantitativo de novas questões? Quais temas obtiveram maior incremento de novas questões na 2ª Edição?** Em resposta a essas indagações foi elaborada a Tabela 7, a qual indica os dez capítulos com maiores percentuais de acréscimos, com destaque para: Vida Espiritual, Intervenção dos Espíritos e Retorno à Vida Corporal, cerca de 38% do total de novas questões, e o tema Reencarnação foi o mais impactados pelos novos questionamentos (28% do total).

Tabela 7 - Novas questões da 2ª Edição

Nº	Título	Qtd. Excluída da 1ª Ed.	(%)
1	Vida Espiritual	84	14,1%
2	Intervenção dos Espíritos no Mundo Corporal	81	13,6%
3	Retorno à Vida Corporal	64	10,7%
4	Pluralidade das Existências	44	7,4%
5	Penas e Gozos Futuros	32	5,4%
6	Ocupações e Missões dos Espíritos	31	5,2%
7	Espíritos	29	4,9%
8	Emancipação da Alma	29	4,9%
9	Os Três Reinos	24	4,0%
10	Perfeição Moral	22	3,7%
-	Demais	156	26,2%
	Total	596	100%

Fonte: do autor (2019).

Outra questão a considerar, é que, na segunda edição do Livro, o Codificador inovou quando introduziu ensaios teóricos (Quadro 3) e extensos comentários (Quadro 4) sobre assuntos relevantes, conforme segue:

Quadro 3 - Ensaios teóricos

Capítulos	Perguntas	Título e Temas
Cap. III	Nº 59	**Considerações e Concordâncias Bíblicas Referentes à Criação** Antecipação de assuntos do livro A Gênese
Cap. V	Nº 222	Considerações sobre a Pluralidade das Existências tema sobre reencarnação

Cap. VI	Nº 257	Ensaio Teórico sobre a sensação dos Espíritos tema do perispírito e sensação pós morte dos Espíritos.
Cap. VIII	Nº 455	Resumo teórico do Sonambulismo, do Êxtase e da Dupla Vista Correlação entre o fenômeno mediúnico e o magnetismo. Importante porque Kardec foi estudioso do magnetismo por vários anos e estava bem informado para tecer considerações sobre os dois fenômenos.
Cap. IX	Nº 872	Resumo Teórico do Móvel das Ações do Homem Desenvolvimento dos temas como livre-arbítrio, liberdade de pensamento e fatalidade.

Fonte: do autor (2019).

Quadro 4 – Comentários extensos (exemplos)

Perguntas	Temas
Nº 131	sentido da palavra demônio
Nº 148	materialismo
Nº 165	perturbação espiritual
Nº 266	escolha das provas
Nº 399	esquecimento do passado
Nº 613	metempsicose
Nº 789	progresso dos povos
Nº 917	o egoísmo
Nº 919	o homem de bem
Nº 933	sofrimentos morais
Nº 936	lembranças dos Espíritos
Nº 957	sensação dos suicidas
Nº 1009	penas eternas
Nº 1010	dogma da ressureição da carne

Fonte: do autor (2019).

Observa-se que parte dos assuntos abordados nesses comentários foram desenvolvidos por Kardec no livro *O Céu e o Inferno*, de 1865 (KARDEC, 2009b).

EPÍLOGO

1ª Edição – 1857

A maior parte do Epílogo da primeira edição do Livro foi aproveitado por Kardec e inserido, com modificações, no item XVII da Introdução da segunda edição do Livro. Suprimiu o último parágrafo e a nota adjunta que se referia a uma nova obra, que completaria os três livros de *O Livro dos Espíritos*. Segue transcrito o último parágrafo da nota:

O ensino dado pelos Espíritos prossegue neste momento sobre várias partes, cuja publicação eles adiaram a fim de disporem de mais tempo para os elaborar e completar. A próxima publicação, que será continuação dos três livros contidos nesta primeira obra, compreenderá, entre outras coisas, os meios práticos pelos quais o homem pode conseguir neutralizar o egoísmo, fonte da maioria dos males que afligem a sociedade. Este assunto diz respeito a todas as questões de sua posição no mundo e de seu futuro terrestre. (KARDEC, 2013, p. 346, grifos da análise).

Uma segunda nota, agora de rodapé no final do Livro colocada após a Nota VII, Kardec (2013, p. 353) ao abordar o fenômeno da clarividência, escreve que trataria desse assunto *"em obra especial que aparecerá em breve"*. Quanto a essa não há dúvida que se refere ao opúsculo Instruções Práticas Sobre as Manifestações Espíritas, de 1858, três anos antes de *O Livro dos Médiuns*. Na Nota II, Kardec também escreveu acerca de publicar uma nova obra contendo *"várias questões sobre as propriedades da matéria"*, bem como *"a série metódica de vários problemas científicos, farão parte mais tarde de uma coletânea especial"* (KARDEC, 2013, p. 347). Pelo teor dos assuntos, Canuto Abreu (1957, p. 159) deduziu que seria o livro *A Gênese*, publicado em 1868, entretanto, os fatos levam a inferir que se tratou da segunda edição de *O Livro dos Espíritos* (ver Cap. III).

Os pontos aqui levantados foram, tão somente, para chamar a atenção ao fato de que o Codificador tinha um plano a ser desenvolvido, desde a elaboração da primeira edição de *O Livro dos Espíritos*, dando sinais sobre quais assuntos da Doutrina Espírita seriam ampliados.

NOTAS

1ª Edição – 1857

Compostas por dezessete notas colocadas no final do Livro, numeradas em algarismo romano, junto a outra numeração entre colchetes, em algarismo arábico. Observa-se que a numeração em algarismo arábico seria a indicação numérica da pergunta a qual a nota corresponderia. Mas, ocorreram algumas divergências na correlação dos assuntos das notas de número I a IV com as perguntas indicadas. O motivo dessas incorreções pode advir de erro gráfico ou por referência de Kardec a algo que não se conseguiu identificar nessa análise.

> NOTA I (Nº 20) - no corpo do livro a referência à Nota está após a pergunta Nº 10 (na tradução de Evandro Noleto nº 10.a) (KARDEC, 2013, p. 77) sem conexão com o assunto da pergunta nº 20.
>
> NOTA II (Nº 23) - no corpo do livro a referência à Nota está após a pergunta nº 20 (na tradução de Evandro Noleto nº 20.b) (KARDEC, 2013, p. 84). Na Nota consta informação de Kardec sobre a publicação de uma obra com solução à várias questões relativas à propriedade da matéria, bem como à problemas científicos.
>
> NOTA III (Nº 134) - No corpo do livro a referência dessa Nota está em dois locais: após a pergunta nº 24 (na tradução de Evandro Noleto nº 24.b) (KARDEC, 2013, p. 88) sem conexão do assunto e a pergunta nº 134 conectada com o assunto.
>
> NOTA IV (Nº 139) - No corpo do livro a referência dessa Nota está em dois locais: após a pergunta nº 27 (na tradução de Evandro Noleto nº 27.a)

> (KARDEC, 2013, p. 89) sem conexão do assunto e a pergunta nº 139, conectada com o assunto.

A partir da Nota V até a Nota XVII os assuntos entre as notas e as perguntas estão correlacionados. Na última nota, nº XVII estão as assinaturas de alguns dos Espíritos Coordenadores da Codificação: João Evangelista, Sócrates, Fénelon, São Vicente de Paulo, Hahnemann, Flanklin, Swedenborg e Napoleão I (no ANEXO B segue breve biografia).

2ª Edição - 1860

As notas de número I, III, IV, V, XV e XVI foram aproveitadas na 2ª Edição do Livro, em comentários, respostas e nota de rodapé. Uma nota foi para *O Livro dos Médiuns* (Nota IX) e outra para o livro *O Céu e O Inferno* (Nota XII). Ao todo, foram aproveitadas 8 notas na 2ª Edição:

> NOTA I (Nº 20) - Inserida completa no comentário da pergunta Nº 45.

> NOTA III (Nº 134) - Inserida em parte na nota de rodapé referente à pergunta Nº 188.

> NOTA IV (Nº 139) - Pequeno texto inserido na questão Nº 222, Considerações sobre a Pluralidade das Existências.

NOTA V (Nº 145) - Inserida completa no comentário da pergunta Nº 266.

NOTA IX (Nº 235) - Inserida em parte em O *Livro dos Médiuns*, Cap. XXVI, item 286.

NOTA XII (Nº 268) - Inserida completa no livro *O Céu e o Inferno* (2ª Parte, Cap. VI, Espírito Verger).

NOTA XV (Nº 441) - Parte inserida nas perguntas Nº 859.a e 861 e em parte na pergunta Nº 872, Resumo teórico do móvel das ações do homem.

NOTA XVI (Nº 478) - Inserida em parte no comentário da pergunta Nº 964.

NOTA XVII (Nº 500) - Inseriu os nomes dos Espíritos que instruíram a Codificação no final dos Prolegômenos da 2ª Edição, com as alterações em alguns nomes já explicadas no Cap. III dessa análise.

As Notas II, VI, VII, VIII, X, XI, XIII e XIV não foram inseridas na segunda edição do Livro e nem identificadas em outros livros da Codificação Espírita.

ÍNDICES

1ª Edição – 1857

Na primeira edição constavam dois tipos de índices, um remissivo e outro alfabético.

Índice Remissivo - Composto pelos seguintes itens: Introdução, Prolegômenos, Livro Primeiro - Doutrina Espírita, Livro Segundo - Leis Morais, Livro Terceiro - Esperança e Consolações e o Epílogo, com páginas numeradas de 1 a 176, números em sequência desde a Introdução. Nesta edição, observa-se que: não há indicação de subtítulos, comumente encontrados na 2ª Edição; a ausência da indicação das Notas, páginas de 159 a 170; e apenas no Capítulo X (do Livro Primeiro) - Manifestações dos Espíritos houve a divisão do texto do capítulo por dois subtítulos, uso corrente na estrutura da segunda edição.

Verificou-se pequenas incorreções neste índice:

> **1º** Numeração da página do Capítulo Deus indica a página 34, mas no texto é a página 33;
>
> **2º** Título do Capítulo VII (Livro Primeiro) - Diferentes Encarnações dos Espíritos, no texto está Diferentes Encarnações;
>
> **3º** Título do Capítulo I (Livro Segundo) - Leis Divinas ou Naturais, no texto está no singular, Lei Divina ou Natural;

> **4º** Título do Capítulo II (Livro Terceiro) - Condições da Felicidade na Terra, no texto está Felicidade e Aflições na Terra.

Índice Alfabético - Estruturado com 249 verbetes de assuntos variados e em ordem alfabética com a indicação do número da pergunta em que se localizam no texto. Não se observou incorreções.

2ª Edição – 1860

Na segunda edição consta apenas um índice, o remissivo, sem alterações nas edições subsequentes, verificada até a 16ª Edição.

Índice Remissivo - Composto pelos seguintes itens: Aviso, Introdução, Prolegômenos, Livro Primeiro - As Causas Primeiras, Livro Segundo - Mundo Espírita ou dos Espíritos, Livro Terceiro - Leis Morais, Livro Quarto - Esperança e Consolações e Conclusão, com páginas numeradas de 1 a 474, a Introdução está numerada em algarismos romanos de I a XLIV. Todos os subtítulos constam no Índice e foram utilizados para dividir o texto dos capítulos, o que facilita a leitura dos assuntos.

Constatou-se, também, pequenas incorreções:

> **1º** Capítulo VI (Livro Segundo) - Vida Espírita, no subtítulo Relações de Simpatia e Antipatia entre os Espíritos, logo abaixo do título, ausência

das palavras Metades Eternas, que estão no índice e no corpo do texto;

2º Capítulo VII (Livro Segundo) - Retorno à Vida Corporal, no subtítulo União da Alma e do Corpo faltou no corpo do texto a palavra Aborto, que consta no índice e, também abaixo do título;

3º Capítulo IX (Livro Segundo) - Intervenção dos Espíritos no Mundo Corporal, no subtítulo Possessos, logo abaixo do título, tem o artigo "Dos" não encontrado no corpo do texto e no índice, e faltou o subtítulo Pressentimentos abaixo do título, embora conste no índice e no texto;

4º Capítulo I (Livro Terceiro) - Lei Divina ou Natural, o subtítulo Origem e Conhecimento da Lei Natural, localizado abaixo do título consta a palavra Origem, que não se encontra no índice e nem no corpo do texto;

5º Capítulo II (Livro Quanto) - Esperanças e Consolações, não consta o subtítulo Ressureição da Carne abaixo do título, existe no índice e no corpo do texto.

ERRATA

Apareceu na 5ª e 6ª Edição do Livro, de 1861, uma Errata colocada na última página por Kardec, a qual continha a indicação de seis ajustes[11]:

> **1º** acréscimo de um texto explicativo sobre a Morte Natural, após as observações da pergunta nº 165;
>
> **2º** acréscimo de um texto sobre Espíritos Errantes, após as observações da pergunta nº 226;
>
> **3º** acréscimo de um texto sobre o reconhecimento entre espíritos desencarnados, após as observações da pergunta nº 285.a.
>
> **4º** introdução de uma referência que remete ao Ensaio Teórico sobre a sensação dos Espíritos, logo após a resposta da pergunta nº 437;
>
> **5º** introdução de uma referência que remete ao capítulo sobre a Obsessão em O *Livro dos Médiuns;*
>
> **6º** supressão das palavras *"et intuitive"*, na resposta à pergunta nº 586. Apenas este último item

11 Ver item 2 da Nota explicativa (KARDEC, 1998).

da Errata foi incorporado ao texto a partir da 7ª Edição do Livro, os demais não fizeram parte do texto.

ACRÉSCIMOS E MODIFICAÇÕES EM EDIÇÕES POSTERIORES À SEGUNDA

O Codificador, em trabalho contínuo de revisão de *O Livro dos Espíritos*, fez acréscimos e modificações no texto nas edições posteriores à publicação da 2ª impressão da 2ª Edição do Livro (1860). Na reprodução do original da segunda edição do Livro, publicada pelo CEI em 1998, na abertura, há uma Nota Explicativa e no seu item 3 indica o local dessas alterações, mas de forma imprecisa dificultando sua verificação. Porém, na tradução de Evandro Noleto da 2ª Edição (KARDEC, 2006) essas alterações foram incorporadas ao texto com a devida referência do local, em notas de rodapé. Trabalho este que supriu a lacuna da edição anterior de 1998.

Esses acréscimos foram revisitados e verificados nas edições originais citadas no Cap. I dessa análise. Segue resumo das modificações, bem como a localização ordenada pela numeração das perguntas, com duas informações adicionais identificadas nesta revisão (itens 4º e 12º):

1ª Nos Comentários à pergunta nº 51: no último parágrafo do comentário acrescentou a frase –

"et cela avec plus raison" (KARDEC, 1862c, p. 20). Acrescentado a partir da 8ª Edição.

2º Pergunta nº 137: após o texto da resposta colocou uma referência *"(Voir, dans le Livre des Médiums, chapitre:* Bi-corporèité et transfiguration*"* (KARDEC, 1861, p. 59, grifo no original). Alterado a partir da 5ª Edição. Até a 4ª Edição de 1860 a referência era *"(Voir, au chapitre des manifestations, la question des hommes doubles.)"* (KARDEC, 1860d, p. 59), interessante observar que essa indicação de capítulo ou título não foi identificado em *O Livro dos Espíritos*.

3º Pergunta nº 139: ao final da nota de rodapé acrescentou o símbolo *"§ II"* (parágrafo II) (KARDEC, 1861b, p. 60). Visto a partir da 5ª Edição.

4º Pergunta nº 218b: no texto da resposta, terceira linha, alterou a palavra *"l'Esprits"* por *"l'esprits"* (KARDEC, 1862c, p. 94). Modificada a partir da 8ª Edição.

5º Pergunta nº 222: no final do item modificou o texto, *"ce sont les faits qui sont venus la confirmer"* pela redação *"c'est d'être confirmée par les faits"* (KARDEC, 1860c, p. 107). Alterado a partir da 3ª Edição.

6º Pergunta nº 222: nos parágrafos finais suprimiu a referência *"Voir le chapitre des* Contradictions)" (KARDEC, 1860c, p. 107, grifo no original). Confirmada a supressão a partir da 3ª Edição. Não foi identificado capítulo ou título com esta nomenclatura nas edições de *O Livro dos Espíritos.*

7º Pergunta nº 222: no final dos comentários acrescentou um parágrafo e três itens relacionados à uma passagem do Evangelho Segundo São João (capítulo 3, versículos de 3 a 7), referente ao diálogo do Doutor Nicodemos com Jesus, com a célebre mensagem do Mestre sobre a necessidade de nascer de novo. Confirmado o acréscimo a partir da 3ª Edição, ver (KARDEC, 1860c, p. 107).

8º Pergunta nº 586: no final da resposta retirou as palavras *"et intuitive"* (KARDEC, 1862c, p. 252). Excluídas a partir da 8ª Edição. A questão versa se as plantas têm consciência de sua existência, a resposta nega essa condição e afirma que elas têm apenas vida orgânica e intuitiva. A retirada da palavra intuitiva eliminou a possibilidade de inferir se as plantas têm uma forma rudimentar de pensamento.

9º Pergunta nº 613: no final dos comentários foram incluídos quatro parágrafos. Inclusão confirmada a partir da 3ª Edição, ver (KARDEC, 1860c,

p. 263). O assunto refere-se à Metempsicose que é a possibilidade de um Espírito, em estágio humano, reencarnar em animais ou vegetais. Os acréscimos discorrem sobre as teorias vigentes sobre a Evolução do Espírito e Kardec, texto bastante enriquecedor, antecipando o assunto discorrido no livro A Gênese, de 1868.

10° Pergunta n° 893: antes da pergunta substituiu o subtítulo "*Questions morales diverses*" para "*Les vertus et les vices*" (KARDEC, 1861b, p. 377). Modificado a partir da 5ª Edição.

11° Pergunta n° 911: na resposta a substituição do pronome *ils* por *elles*, na frase "*ils veulent, et ils sont bien aises que cela ne soit pas.*". Substituído a partir da 5ª Edição (KARDEC, 1861b, p. 384). Na edição traduzida por Evandro Noleto, há uma nota de rodapé (n° 32), na qual o tradutor esclarece que "*houve um erro de concordância entre o pronome pessoal* eles *e o verbo* querer, *corrigido por Allan Kardec a partir da 5ª edição [1861].*" (KARDEC, 2006, p. 491, grifo no original). Esse fato chama a atenção, pois um erro de concordância seria possível se partisse do Espírito comunicante ou por erro gráfico, mas improvável ser de Kardec tendo em vista que ele foi insigne linguista e gramático, tradutor de obras para o francês, autor de importante gramática francesa clássica[12] e membro da Sociedade Gramatical, em Paris. Mas, o fato foi esclarecido pelo próprio Kardec em artigo de sua autoria, intitulado *Os Espíritos e a Gramática*, publicado na *Revista Espírita* de julho de 1861 (*REVISTA ESPÍRITA*, 2004d, p. 319). Certa pessoa enviou uma nota à Allan Kardec, assinando-a com o pseudônimo "*Um Espírito protetor da língua francesa*" e informando que encontrou um grave erro gramatical em *O Livro dos Espíritos* e que Kardec deveria punir e corrigir seu Espírito Protetor pôr o ter levado a "*cometer erros de linguagem*". A resposta do Codificador foi elegante e contundente, esclareceu que não houve erro gramatical e sim uma aplicação especial da regra de concordância na língua francesa. Sugeriu ao crítico a leitura dessa regra em gramáticas mais aprofundadas, indicou a gramática de sua autoria e a de Bonifácio. Mesmo assim, Kardec informou na *Revista Espírita* de julho de 1861, que alterou a redação, a partir da 5ª Edição, a fim de evitar problemas no futuro (*REVISTA ESPÍRITA*, 2004d, p. 321).

12° Pergunta n° 988: no texto da pergunta, segunda linha, alterou a palavra "*pour*" para "*par*"

12 Ver relação das obras pedagógicas de Allan Kardec (THIESEN; WANTUIL, 1979, vol. I, pp. 182-187).

(KARDEC, 1861b, p. 427). Modificada a partir da 5ª Edição.

PROSPECTO SOBRE A *REVISTA ESPÍRITA*

Na segunda edição do Livro, na parte Obras do Mesmo Autor, consta a informação da existência de um prospecto detalhado da *Revista Espírita*, colocado após o índice remissível no Cap. I. Verificou-se nas edições originais, citadas no item 2 dessa análise, a localização desse prospecto, quais sejam: na 1ª impressão da 2ª Edição (1860), na Nouvelle Edition (1861) e na 6ª Edição (1862). O prospecto apresentava o resumo do conteúdo da Revista, tal qual se encontrava na folha de rosto desta a partir do ano 1859, com a indicação: dos preços do fascículo avulso e do volume anual; os endereços para envio de solicitações, quais sejam, à ordem de Allan Kardec, na *Rue des Martyrs*, nº 8 (seu endereço residencial), ou à Ledoyen, na galeria d'Orleans, Palais-Royal, ou a Dentu, na mesma galeria, por fim, no escritório da Revista, na *Rue des Martyrs*, nº 8 (residência de Kardec), todos em Paris. Depois apresentava o índice dos assuntos, por mês, como constava na Revista, para os anos de 1858 e 1859. Ao todo, esse prospecto tinha numeração própria em quatro folhas e encerrava o texto de *O Livro dos Espíritos*.

Esse prospecto apareceu em forma resumida, apareceu nas edições: 7ª, 12ª, 13ª, 14ª e em edições de *O*

Livro dos Médiuns e *O Céu e O Inferno*. Continha praticamente as mesmas informações da primeira página do prospecto completo, modificando apenas o endereço, conforme segue: resumo do conteúdo da Revista, indicação dos preços e do endereço para envio de solicitações, à ordem de M. Allan Kardec, no escritório da Revista, situado *Rue et Passage Sainte-Anne*, nº 59 (seu endereço residencial), em Paris. Ao final, constava também uma relação de quatro obras: *Cartas de um Católico sobre o Espiritismo*, ou a concordância da religião com a Doutrina Espírita, autor Dr. Grand, vice-cônsul de França; *Fragmentos de Sonata*, ditado pelo Espírito de Mozart ao médium Brion-Dorgeval; *História de Joana D'Arc*, ditada por ela mesma à médium Ermance Dufaux, idade de 14 anos, e o *Espiritismo a Metz*, uma coleção de comunicações obtidas na Sociedade Espírita de Metz. Apenas a primeira deixou de figurar, na 14ª Edição.

CAPÍTULO IV

Análise evolutiva das questões do livro

Neste item, foram coletados perguntas, respostas, textos e comentários[13] que corroboram com a percepção da capacidade do Codificador em reelaborar questões, tornando-as mais claras, em revelar o mundo espiritual, empossando teses inovadoras na abordagem da delicada problemática humana, em suma, um humanista em ação, que não recuou diante da necessidade de recompor temas, de voltar a questionar assuntos emblemáticos e de evoluir com o aprendizado. Clarificou com o seu saber e obstinação as relações

13 Nesta análise, utiliza-se a palavra "Texto" em substituição a "Comentário" quando se referir aos textos colocados após as perguntas da 1ª Edição. Na 2ª Edição do Livro se usa "Comentário" (ver Cap. II).

com o espiritual. Para tanto, na elaboração da segunda edição do Livro, Kardec fundiu questões, transformou textos de estilo mais fluente da 1ª Edição em perguntas na 2ª Edição; perguntas e textos da 1ª Edição viraram respostas na 2ª Edição, tendo o cuidado de alertar ao leitor em aviso colocado logo no início da obra, quando da publicação da segunda edição. Segundo opinião de Daré e Ferreira:

> As mudanças estruturais da segunda edição indicam maior preocupação pedagógica em detrimento da publicação dos diálogos originalmente colhidos mediunicamente. Kardec, com grande desenvoltura, modifica respostas e perguntas, mantendo-se fiel, na maioria das vezes, mas não sempre, a textualidade das frases da primeira edição. (DARÉ; FERREIRA, 200–, p. 11)

Nos itens a seguir, as questões da primeira edição estão identificadas por 1ª LE, seguidas do número da pergunta. Para as questões da 2ª Edição e edições subsequentes estão identificadas por 2ª LE, seguida também do número da pergunta.

Todos os textos transcritos foram referentes às edições traduzidas por Evandro Noleto (1ª Edição de 2013 e 2ª Edição de 2006), conforme explicado na Introdução. Os negritos são grifos da presente análise.

PERGUNTA REPETIDA NA 1ª EDIÇÃO

<table>
<tr><th>1ª Edição de 1857</th><th>2ª Edição de 1860</th></tr>
<tr><td>1ª LE. 42a - De onde tira o Espírito o seu envoltório?
- "Do fluido universal de cada globo."</td><td rowspan="3">2ª LE. 94 - De onde tira o Espírito o seu envoltório semimaterial?
- "Do fluido universal de cada globo. É por isso que ele não é o mesmo em todos os mundos. Passando de um mundo a outro, o Espírito muda de envoltório, como mudais de roupa."</td></tr>
<tr><td>1ª LE. 138a - De onde o Espírito tira seu perispírito?
- "Do fluido de cada globo."</td></tr>
<tr><td>1ª LE 138c - Passando de um mundo a outro, o Espírito deixa um perispírito para tomar outro?</td></tr>
</table>

Na segunda edição, Kardec consolida em uma única pergunta três questões da primeira edição, complementando a resposta com texto de outra pergunta (1ª LE 138c). Isso se repete em várias outras questões, demonstrando a complexa revisão de texto por qual passou *O Livro dos Espíritos*, justificando assim, a afirmativa de Kardec (2006, p. 19) de que a segunda edição pode ser considerada uma obra nova. Conforme observaram os autores Daré e Ferreira:

> Uma leitura direta da segunda edição não percebe-se que estamos diante de um 'cocha de retalhos'. O que aparente ser uma pergunta única e uma resposta única, desvenda-se como um trabalho de fusão orquestrado por Kardec. (DARÉ; FERREIRA, 200–, p. 6)

RESPOSTAS DA 1ª EDIÇÃO MODIFICADA NA 2ª EDIÇÃO

Respostas da primeira edição com o conteúdo modificado quando inseridas na segunda edição, ajustando-as a conceitos mais aderentes ao desdobramento dos princípios espíritas:

1ª Edição de 1857	2ª Edição de 1860
1ª LE. 86 – *Em que época a alma se une ao corpo?* – "**No nascimento.**"	2ª LE. 344 – *Em que momento a alma se une ao corpo?* – "**A união começa na concepção, mas só se completa no momento do nascimento** [...]."

Nota-se que a resposta na segunda edição passa a ideia de um fenômeno progressivo, uma sequência de ações desenvolvidas no tempo, em oposição a um fato determinado como consta na primeira edição. Isso também corre com outros fenômenos de natureza física, conforme a seguir:

Da união do Espírito reencarnante com o corpo em formação.

1ª Edição de 1857	2ª Edição de 1860
1ª LE. 104a - *O corpo pode existir sem a alma?* - "Sim; entretanto, desde que cessa a vida do corpo, a alma o abandona. Antes do nascimento **a alma ainda não está nele; não há união entre a alma e o corpo**, ao passo que, depois de se haver estabelecido essa união, a morte do corpo rompe os laços que o unem à alma, e a alma o deixa."	2ª LE. 136a - *O corpo pode existir sem a alma?* - "Sim; entretanto, desde que cessa a vida do corpo, a alma o abandona. Antes do nascimento, **ainda não há união definitiva entre a alma e o corpo**, ao passo que, depois de se haver estabelecido essa união, a morte do corpo rompe os laços que o unem à alma, e a alma o deixa [...]."

Na resposta da segunda edição, o termo interposto "definitivo" mudou o conceito do conteúdo da resposta da primeira edição, passa o entendimento de que a união da alma com o corpo é um processo que leva um tempo, entre a concepção até o nascimento do ser. Essas modificações ocorreram em outras situações, conforme seguem.

Sobre a desencarnação e tomada de consciência após a morte.

<table>
<tr><th>1ª Edição de 1857</th><th>2ª Edição de 1860</th></tr>
<tr><td>1ª LE.106 – A separação da alma e do corpo se opera instantaneamente?
– "Sim; ela escapa como frágil pomba perseguida por um abutre."</td><td rowspan="2">2ª LE. 155a – A separação se dá instantaneamente por brusca transição? Haverá uma linha de demarcação claramente traçada entre a vida e a morte?
– "Não; a alma se desprende gradualmente e não se escapa como um pássaro cativo a que se restituiu subitamente a liberdade. Aqueles dois estados se tocam e se confundem, de modo que o Espírito se desprende pouco a pouco dos laços que o prendiam: eles se desatam, não se quebram."</td></tr>
<tr><td>1ª LE. 268a – Embora a separação da alma e do corpo se dê instantaneamente, o Espírito tem de imediato percepção clara e nítida de sua nova situação?
– "Não; o Espírito precisa de algum tempo para reconhecer-se, até que se ache completamente desprendido da matéria."</td></tr>
<tr><td>1ª LE.108 – Deixando o corpo, a alma tem imediatamente consciência de si mesma?
– "Consciência imediata."</td><td>2ª LE. 163 – Deixando o corpo, a alma tem imediatamente consciência de si mesma?
– "Consciência imediata não é bem o termo; ela fica algum tempo em estado de perturbação."</td></tr>
</table>

Ver-se claramente a diferença entre as respostas: na primeira edição, a alma no momento da desencarnação escapa rápida do corpo e retoma a consciência de forma imediata, enquanto na resposta da segunda edição, há um intervalo de tempo no decorrer do desenlace da alma em relação ao corpo, bem como no tempo da retomada da consciência no pós-morte. Sempre introduz um lapso temporal nos processos da vida: no nascer, na desencarnação e no retorno da consciência após o decesso.

Sobre as escolhas das provas da reencarnação

1ª Edição de 1857	2ª Edição de 1860
1ª LE. 145 - *O Espírito pode escolher o corpo em que deve encarnar?* - "**Não; pode escolher somente o gênero de provas que deve sofrer**, e é nisso que consiste seu livre-arbítrio."	2ª LE. 335 - *O Espírito pode escolher o corpo em que deve encarnar, ou somente o gênero de vida que lhe servirá de prova?* - "**Pode também escolher o corpo**, pois as imperfeições desse corpo representam provas que o auxiliarão a progredir, se vencer os obstáculos que encontrar. O Espírito pode pedir, mas a escolha nem sempre depende dele."
1ª LE. 145a - *Assim, todas as tribulações que experimentamos na vida teriam sido previstas e escolhidas por nós mesmos?* - "**Sim.**"	2ª LE. 259 - *Se o Espírito pode escolher o gênero de provas que deve sofrer, seguir-se-á que todas as tribulações que experimentamos na vida foram previstas e escolhidas por nós?* - "**Todas não é bem o termo**, porque não escolhestes e previstes tudo o que vos sucede no mundo, até as menores coisas. Escolhestes apenas o gênero das provações; os detalhes são consequências da posição e, muitas vezes, das vossas próprias ações."

É nítida, também aqui, a diferença das respostas entre as edições. Na primeira edição restringe-se às escolhas ao *gênero de provas* e induz um determinismo nas tribulações da vida material. Na segunda, amplia as possibilidades de escolha das provas e estabelece a responsabilidade pessoal pelas ações empreendidas. Demonstração clara do amadurecimento da interrelação da vida material com a espiritual, refletida no texto da segunda edição.

As perguntas a seguir versam sobre a Evolução do Espírito. Tema instigante, pois sugere um paralelo entre a biologia e a origem dos seres. Allan Kardec elaborou perguntas sobre esse tema em *O Livro dos Espíritos* (1857), mas foi no livro *A Gênese* (1868) que ele desenvolveu e se posicionou acerca do processo evolutivo do Espírito. Vê-se que as respostas na primeira edição do Livro são bem taxativas pela diferenciação entre a criação dos seres inferiores e a dos humanos. Na segunda edição, há um claro avanço na possibilidade da ocorrência de uma linha contínua no processo evolutivo, pelo menos em relação ao corpo físico. Observa-se a célebre frase da resposta à pergunta nº 540 (KARDEC, 2006, p. 323) *"É assim que tudo serve, tudo se encadeia na natureza, desde o átomo primitivo até o arcanjo, que também começou pelo átomo"*.

1ª Edição de 1857	2ª Edição de 1860
1ª LE. 127 - *A alma do homem não teria sido inicialmente o princípio de vida de ínfimos seres vivos mais primitivos da Criação, para chegar, por meio de uma lei progressiva, até ao homem, percorrendo os diversos graus da escala orgânica?* - **"Não! Não! Homens, somos natos. Cada coisa progride na sua espécie e na sua essência; o homem jamais foi outra coisa além de homem."** [Texto] Seja qual for a diversidade das existências por que passe o nosso Espírito ou nossa alma, elas pertencem todas à Humanidade. **Seria um erro acreditar que, por uma lei progressiva, o homem haja passado pelos diferentes graus da escala orgânica para chegar a seu estado atual.** Assim, sua alma não foi inicialmente o princípio de vida dos primitivos seres animados da Criação, para chegar sucessivamente ao grau superior: ao homem.	2ª LE. 613 - [...] [Comentário] **O ponto de partida do Espírito é uma dessas questões que se ligam ao princípio das coisas e que fazem parte dos segredos de Deus.** Não é permitido ao homem conhecê-las de maneira absoluta, só lhe sendo possível fazer a tal respeito algumas suposições e construir sistemas mais ou menos prováveis. Os próprios Espíritos estão longe de tudo saberem e, acerca do que não sabem, também podem ter opiniões pessoais mais ou menos sensatas. É assim, por exemplo, que nem todos pensam da mesma forma quanto às relações existentes entre o homem e os animais. **Segundo alguns, o Espírito não chega ao período humano senão depois de se haver elaborado e individualizado nos diversos graus dos seres inferiores da Criação. Segundo outros, o Espírito do homem teria pertencido sempre à raça humana, sem passar pela fieira animal.** O primeiro desses sistemas tem a vantagem de dar um objetivo ao futuro dos animais, que formariam então os primeiros elos da cadeia dos seres pensantes. O segundo é mais conforme à dignidade do homem [...]. [...] Do ponto de vista físico ele [o homem] **forma, evidentemente um elo da cadeia dos seres vivos**; mas, **do ponto de vista moral, há solução de continuidade entre o homem e o animal.** **Qual a origem do Espírito? Onde o seu ponto inicial? Forma--se do princípio inteligente individualizado?** Tudo isso são mistérios que fora inútil querer devassar e sobre os quais, como dissemos, nada mais se pode fazer do que construir sistemas. [...]

No comentário à pergunta nº 613 foram apresentadas duas correntes de pensamento acerca do processo de Evolução do Espírito, destacadas em negrito. Uma que define a existência de um *continuum* na Evolução do Espírito, elaborada nos seres inferiores da criação até chegar à sua individualização nos seres superiores. A outra corrente estabelece uma separação na Evolução do Espírito dos humanos em relação aos espíritos dos animais. Percebe-se, então, que ou os Espíritos não estavam concordes na definição do processo de Evolução do Espírito, ou Kardec não ficou suficientemente convencido da universalidade desse princípio. Isso demonstra o método seguido por Kardec na assimilação de princípios e conceitos advindos dos Espíritos, ou seja, utilizava de cautela, submetia tudo ao crivo da razão, conforme explicitado por ele, em texto publicado postumamente, no livro *Obras Póstumas:*

> Apliquei, a essa nova ciência, como o fizera até então, o método experimental; nunca elaborei teorias preconcebidas; observava cuidadosamente, comparava, deduzia consequências; dos efeitos procurava remontar às causas, por dedução e pelo encadeamento lógico dos fatos, não admitindo por válida uma explicação, senão quando resolvia todas as dificuldades da questão. (KARDEC, 2009c, p.349, grifo da análise).

> Conduzi-me, pois, com os Espíritos, como o teria feito com homens. Para mim, eles foram, do menor ao maior, meios de me informar e não reveladores predestinados. (KARDEC, 2009c, p. 351, grifo no original).

PERGUNTAS DA 1ª EDIÇÃO INCLUÍDAS EM RESPOSTAS NA 2ª EDIÇÃO

Foram identificadas três ocorrências:

1ª Edição de 1857	2ª Edição de 1860
1ª LE. 135a - ***Todos os mundos começaram, como o nosso, por um estado inferior?***	2ª LE. 185 - *O estado físico e moral dos seres vivos é perpetuamente o mesmo em cada globo?* - "Não; os mundos também estão sujeitos à lei do progresso. **Todos começaram, como o vosso, por um estado inferior** e a própria Terra sofrerá transformação semelhante. Tornar-se-á um paraíso terrestre, quando os homens se houverem tornado bons."
1ª LE. 138c - ***Passando de um mundo a outro, o Espírito*** *deixa seu perispírito para tomar outro?* - "Sim, e com a rapidez do relâmpago."	2ª LE. 187 - *A substância do perispírito é a mesma em todos os globos?* - "Não; é mais ou menos etérea. **Passando de um mundo a outro, o Espírito** se reveste da matéria própria de cada um, com a rapidez do relâmpago."
1ª LE. 287b - *De acordo com esse princípio,* ***o bem seria sempre um bem e o mal sempre o mal, seja qual for a posição do homem. A diferença estaria então no grau de responsabilidade?*** - "Exatamente."	2ª LE. 636 - *O bem e o mal são absolutos para todos os homens?* - "A lei de Deus é a mesma para todos; mas, o mal depende principalmente da vontade que se tenha de o praticar. **O bem é sempre o bem e o mal sempre o mal, seja qual for a posição do homem; a diferença está no grau de responsabilidade.**"

TEXTOS DA 1ª EDIÇÃO CONVERTIDOS EM PERGUNTAS NA 2ª EDIÇÃO

Foram identificadas duas ocorrências:

1ª Edição de 1857	2ª Edição de 1860
1ª LE. 107 - [...] [Texto] A separação da alma e do corpo quase sempre se verifica antes da cessação completa da vida orgânica. É o que acontece com o homem agonizante: embora ainda lhe reste um sopro de vida, ele já não tem consciência de si mesmo. **Na morte violenta ou acidental, quando os órgãos ainda não se enfraqueceram pela idade ou pelas doenças, a separação da alma e o cessar da vida ocorrem simultaneamente.**	2ª LE. 161 - ***Na morte violenta ou acidental, quando os órgãos ainda não se enfraqueceram pela idade ou pelas doenças, a separação da alma e o cessar da vida ocorrem simultaneamente?***
1ª LE. 111 - [...] [Texto] **O exemplo da lagarta, que inicialmente rasteja na terra, depois se encerra na sua crisálida em estado de morte aparente, para em seguida renascer com uma existência brilhante, é uma imagem, embora pálida e incompleta, de nossa existência terrestre, do túmulo e, finalmente, de nossa nova existência.**	2ª LE. 158 - ***O exemplo da lagarta, que inicialmente rasteja na terra, depois se encerra na sua crisálida em estado de morte aparente, para em seguida renascer com uma existência brilhante, pode dar-nos uma ideia da vida terrestre, do túmulo e, finalmente, da nossa nova existência?***

TEXTOS DA 1ª EDIÇÃO INSERIDOS EM RESPOSTAS NA 2ª EDIÇÃO[14]

Como comentado no início do Cap. IV, na elaboração da segunda edição do Livro, Kardec converteu textos da

14 Esse fato, também foi verificado com os textos que foram aproveitados em *O Livro dos Médiuns*.

1ª Edição em respostas na 2ª Edição. Estes textos estavam posicionados na segunda coluna, fazendo paralelo com os textos das perguntas e respostas, formato utilizado na primeira edição do Livro. É entendimento comum ter esses textos como "comentários de Kardec", porém, como visto no Cap. II, difere da opinião dele. Nessa análise, buscou-se identificar essas conversões, foram encontradas 66 ocorrências (ver Quadro 7). Essas ocorrências correspondem a 35% do total de Textos aproveitados na 2ª Edição. Ver em seguida quatro exemplos:

Quadro 7 - Textos da 1ª Edição convertidos em respostas na 2ª edição

1ª LE. 01 - 2ª LE.01	1ª LE. 133a - 2ª LE. 178	1ª LE. 302 - 2ª LE. 626	1ª LE. 392a - 2ª LE. 780a
1ª LE. 20b - 2ª LE.43	1ª LE. 141b - 2ª LE. 199	1ª LE. 315 - 2ª LE. 657	1ª LE. 394 - 2ª LE. 778
1ª LE. 20b - 2ª LE.44	1ª LE. 144 - 2ª LE. 998	1ª LE. 320a - 2ª LE. 676	1ª LE. 404 - 2ª LE. 804
1ª LE. 33a - 2ª LE. 594a	1ª LE. 151 - 2ª LE. 216	1ª LE. 324a - 2ª LE. 679	1ª LE. 416a - 2ª LE. 822a
1ª LE. 41a - 2ª LE. 88a	1ª LE. 162b - 2ª LE. 407	1ª LE. 326 - 2ª LE. 684	1ª LE. 418b - 2ª LE. 826
1ª LE. 42b - 2ª LE. 94	1ª LE. 178a - 2ª LE. 469	1ª LE. 327b - 2ª LE. 681	1ª LE. 419b - 2ª LE. 829
1ª LE. 47b - 2ª LE. 91	1ª LE. 179 - 2ª LE. 993	1ª LE. 330a - 2ª LE. 689	1ª LE. 420 - 2ª LE. 830
1ª LE. 53 - 2ª LE. 115	1ª LE. 185b - 2ª LE. 204	1ª LE. 333 - 2ª LE. 692	1ª LE. 422 - 2ª LE. 832
1ª LE. 75 - 2ª LE. 965	1ª LE. 196a - 2ª LE. 295	1ª LE. 339 - 2ª LE. 704	1ª LE. 436 - 2ª LE. 595
1ª LE. 76a - 2ª LE. 278	1ª LE. 197 - 2ª LE. 557	1ª LE. 340 - 2ª LE. 705	1ª LE. 443 - 2ª LE. 876
1ª LE. 81b - 2ª LE. 134b	1ª LE. 198 - 2ª LE. 473	1ª LE. 343a - 2ª LE. 716	1ª LE. 447b - 2ª LE. 888a
1ª LE. 84a - 2ª LE. 605	1ª LE. 277a - 2ª LE. 616	1ª LE. 348a - 2ª LE. 720a	1ª LE. 456c - 2ª LE. 916
1ª LE. 91 - 2ª LE. 215	1ª LE. 279a - 2ª LE. 630	1ª LE. 357a - 2ª LE. 728	1ª LE. 458a - 2ª LE. 1000
1ª LE. 96b - 2ª LE. 369	1ª LE. 285 - 2ª LE. 633	1ª LE. 359a - 2ª LE. 733	1ª LE. 467 - 2ª LE. 943
1ª LE. 104a - 2ª LE. 136a	1ª LE. 289 - 2ª LE. 639	1ª LE. 375 - 2ª LE. 740	1ª LE. 489 - 2ª LE. 983
1ª LE. 110a - 2ª LE. 157	1ª LE. 294 - 2ª LE. 643	1ª LE. 379b - 2ª LE. 742	///
1ª LE. 129a - 2ª LE. 196	1ª LE. 295 - 2ª LE. 646	1ª LE. 380 - 2ª LE. 766	///

Fonte: do autor (2019).

Exemplo 1

1ª Edição de 1857	2ª Edição de 1860
1ª LE. 33a - [...] [Texto] **Sendo dotados de vida de relação, os animais têm uma linguagem pela qual se comunicam uns com os outros, se advertem e exprimem as sensações que experimentam**; nem mesmo os que não produzem sons articulados estão desprovidos de meios de comunicação. **O homem, pois, não goza do privilégio exclusivo da palavra. Enquanto a linguagem dos animais é apropriada às suas necessidades e limitada ao círculo de suas ideias, a do homem se presta a todas as percepções de sua inteligência.**	2ª LE. 594a – *Há animais que não têm voz. Estes não parecem destituídos de linguagem?* – "Eles se compreendem por outros meios. Oh! Homens, para vos comunicardes reciprocamente, só dispondes da palavra? Que dizeis dos mudos? **Sendo dotados de vida de relação, os animais têm meios de se prevenirem e de exprimirem as sensações que experimentam**. Julgais que os peixes não se entendem entre si? **O homem, pois, não goza do privilégio exclusivo da linguagem. Enquanto a dos animais é instintiva e limitada pelas suas necessidades e ideias, a linguagem do homem é perfectível e se presta a todas as concepções da sua inteligência."**

Exemplo 2

1ª Edição de 1857	2ª Edição de 1860
1ª LE. 289a – *O mal que cometemos não resulta muitas vezes da posição em que os homens nos colocaram? Quais são, nesse caso, os mais culpados?* – "O mal recai sobre aquele que foi o seu causador." [Texto] **Assim, o homem que é levado a praticar o mal pela posição em que seus semelhantes o colocaram, é menos culpado do que aqueles que causaram esse mal, porque cada um será punido não só pelo mal que haja feito, mas também pelo mal que tenha provocado.**	2ª LE. 639 – *O mal que cometemos não resulta muitas vezes da posição em que outros homens nos colocaram? Quais são, nesse caso, os mais culpados?* – "O mal recai sobre aquele que foi o seu causador. **Assim, o homem que é levado a praticar o mal pela posição em que seus semelhantes o colocaram, é menos culpado do que aqueles que causaram esse mal, porque cada um será punido não só pelo mal, que haja feito, mas também pelo mal que tenha provocado."**

Exemplo 3

1ª Edição de 1857	2ª Edição de 1860
1ª LE. 343a - *A Natureza não traçou os limites de nossas necessidades por meio da própria organização física que nos concedeu?* - "Sim, mas o homem é insaciável e criou para si necessidades artificiais." [Texto] A Natureza traçou o limite às necessidades do homem por meio da própria organização física que lhe deu, mas os vícios alteraram sua constituição e lhe criaram necessidades que não são reais.	2ª LE. 716 - *A Natureza não traçou o limite das nossas necessidades por meio da própria organização que nos deu?* - "Sim, mas o homem é insaciável. **A Natureza traçou o limite de suas necessidades por meio da própria organização que lhe deu, mas os vícios alteraram a sua constituição e criaram para ele necessidades que não são reais.**

Exemplo 4

1ª Edição de 1857	2ª Edição de 1860
1ª LE. 467 - *De onde vem o desgosto da vida que se apodera de certos indivíduos, sem motivos plausíveis?* - "Efeito da ociosidade, da falta de fé e, muita vez da saciedade." **[Texto] Para aquele que exerce suas faculdades com um fim útil e *de acordo com suas aptidões naturais*, o trabalho nada tem de árido e a vida se escoa com mais rapidez. Suporta suas vicissitudes com tanto mais paciência e resignação, quanto mais age tendo em vista a felicidade mais sólida e mais durável que o espera.**	2ª LE. 639 - *De onde vem o desgosto pela vida que se apodera de certos indivíduos, sem motivos que o justifiquem?* - "Efeito da ociosidade, da falta de fé e, muita vez da saciedade. **Para aquele que exerce suas faculdades com um fim útil e *de acordo com suas aptidões naturais*, o trabalho nada tem de árido e a vida se escoa com mais rapidez. Suporta suas vicissitudes com tanto mais paciência e resignação, quanto mais age tendo em vista a felicidade mais sólida e mais durável que o espera**."

Dada a importância desse item, foi elaborado um método com o objetivo de quantificar e qualificar essas conversões, além de identificar os assuntos correlatos a estes textos. O nível da conversão do texto foi classificado em: Nível 1 - Conversão Reduzida, apenas uma fração do Texto foi convertida em Resposta; Nível 2 - Conversão Baixa, parte do Texto foi convertido em Resposta; Nível 3 - Conversão Média, metade do Texto foi convertido em Resposta e Nível 4 - Conversão Alta, praticamente todo o Texto foi convertido em Resposta (ver Tabela 8).

Tabela 8 - Nível de Conversão dos textos da 1ª edição em respostas na 2ª edição

Temas	Reduzida	Baixa	Média	Alta	Total	(%)
Deus	-	-	-	1	1	2%
Evolução	1	-	2	2	5	8%
Espírito	1	1	2	1	5	8%
Reencarnação	-	2	4	3	9	14%
Desencarnação	1	-	-	-	1	2%
Vida Espiritual	1	-	-	-	1	2%
Mediunidade	-	3	-	1	4	6%
Leis Morais	1	2	5	25	33	50%
Esperanças e Consolações	1	2	-	4	7	11%
Total	6	10	13	37	66	100%
(%)	9%	15%	20%	56%	100%	

Fonte: do autor (2019).

Percebe-se pela Tabela 8 que os assuntos Leis Morais e Reencarnação foram os mais relevantes no quantitativo de conversões, eles respondem por 64% do total. Em relação à profundidade das conversões,

56% foram em Nível Alto, quando o Texto foi convertido integralmente em Resposta.

O assunto Leis Morais capitaneou tanto em quantitativo quanto em nível de conversão, tendo forte correlação com a constatação do Cap. III desta pesquisa, de que Kardec pouco o modificou na segunda edição, apenas realocou o capítulo Perfeição Moral do Homem; transformou 80 subitens em perguntas numeradas (maior redução de subitens), converteu o maior quantitativo de textos em respostas (50%) e responde por 68% do nível de maior profundidade.

Conclusão

Esta análise comparativa do texto entre a 1ª, 2ª e demais edições até a 16ª de *O Livro dos Espíritos* foi empreendida para compreensão da evolução do texto e constatou-se que Allan Kardec usou de sua experiência como pedagogo e de autor de obras didáticas para conceber, organizar e redigir *O Livro dos Espíritos.* Utilizou sua capacidade analítica e de observador criterioso para revelar a realidade espiritual, através dos ensinos dos Espíritos Superiores, não se limitou a compilar os escritos dos Espíritos, mas desempenhou o papel de um pesquisador que ao observar o fenômeno o problematizou, testou hipóteses, elaborou uma teoria e ofereceu ao público uma obra filosófica, a Doutrina Espírita e, quando necessário, realizou ajustes de tal monta que a segunda edição (1860), três anos após o lançamento da primeira edição (1857), é tida como uma nova obra, conforme consideração do próprio.

De fato, foi verificado nessa análise comparativa um aumento significativo de novos questionamentos, bem acima do incremento absoluto de 298 questões (32%) entre as edições. Ao se observar detalhadamente cada questão da segunda edição identificou-se que esta foi composta por cerca de 49% de novos questionamentos. Foram aproveitadas 683 das questões (74%) da primeira edição. Se considerar as questões inseridas em *O Livro dos Médiuns* esse percentual de aproveitamento sobe para 83%. Apesar desse aumento, a proporcionalidade do Livro se manteve, com cerca de 60% das questões presentes nos dois primeiros livros que o compõe.

Foi constatado ainda, que o tema Mediunidade foi o que mais sofreu exclusão de questões, provavelmente, porque Kardec concentraria esse tema em *O Livro dos Médiuns*, publicado no ano seguinte à segunda edição (1861). Observou-se que 99 das 235 questões excluídas da primeira edição tiveram o seguinte destino: 23 foram substituídas por outras questões e 76 foram inseridas mais tarde em *O Livro dos Médiuns*. Das questões excluídas 60% tinham grau baixo de relevância de conteúdo doutrinário (grau 1 e 2). Os capítulos Vida Espiritual, Intervenção dos Espíritos e Retorno à Vida Corporal foram os que mais receberam novos questionamentos (38%) e que o tema Reencarnação foi o que mais recebeu novas questões.

No decorrer das publicações das edições de *O Livro dos Espíritos* houve várias alterações de textos, num total de dez. Essas alterações foram incorporadas em definitivo ao texto do Livro, sendo quatro a partir da 3ª edição (1860); outras quatro a partir da 5ª (1861) e duas identificadas, na 8ª edição (1863). A Errata, apareceu apenas na 5ª e 6ª edições do Livro, tinha a indicação de seis ajustes, porém, foi retirada do texto final com exceção do item referente à resposta da pergunta nº 586.

Parte relevante desse trabalho foi a verificação do aproveitamento dos textos da 1ª na 2ª Edição. Kardec reuniu questões, converteu textos de estilo fluente em pergunta, transformou perguntas e textos em respostas, suprimiu repetições, ajustou respostas para aclarar o entendimento dos princípios espíritas. Com a apuração do nível de conversão, verificou-se que 65% dos textos convertidos em respostas (total de 66) foram em temas das Leis Morais e Reencarnação e em nível mais alto, inserção integral do texto.

Por fim, essa pesquisa não esgotou todas as possibilidades que o texto do Livro favorece em suas diversas edições, apenas foram assinaladas aquelas identificadas em leitura comparativa, sem exaurir outras formas e conclusões. O momento atual está propício e repleto de informações advindas de análises e estudos históricos, como um quê de resgate coletivo para a valorização do ato laboral empreendido por Allan Kardec para dar *lume* à Doutrina Espírita, para a qual o Codificador teceu a seguinte consideração na Revista Espírita de julho de 1865:

> [...] vi o objetivo e resolvi atingi-lo com a assistência dos Espíritos bons. Sentia que não tinha tempo a perder e não o perdi, nem em visitas inúteis, nem em cerimônias ociosas; foi a obra de minha vida: a ela dei todo o meu tempo, sacrifiquei meu repouso, minha saúde, porque o futuro estava escrito diante de mim em letras irrecusáveis (REVISTA ESPÍRITA, 2004h, p. 226, grifo da análise).

Sob essa declaração, indaga-se o que se tem a fazer, senão repetir à exaustão:

Honra a Kardec!

Referências bibliográficas

ORIGINAIS DA
CODIFICAÇÃO ESPÍRITA

KARDEC, Allan. **Le Livre des Esprits: Les principes de la Doctrine Spirite. Première édition**. Paris: E. Dentu, Libraires, 1857. Disponível em: https://www.kardecpedia.com/obra/2. Acesso em: 01/05/2018.

______. **Le Livre des Esprits: Les principes de la Doctrine Spirite. Seconde édition**. Paris: Didier et Cie, Libraires-Éditeurs, 1860a. Disponível em: https://www.kardecpedia.com/obra/2. Acesso em: 01/05/2018.

______. **Le Livre des Esprits: Les principes de la Doctrine Spirite. Seconde Impression, Seconde édition**. Paris: Didier et Cie, Libraires-Éditeurs, 1860b. Disponível em: https://www.kardecpedia.com/obra/2. Acesso em: 01/05/2018.

______. **Le Livre des Esprits: Les principes de la Doctrine Spirite. Troisième édition**. Paris: Didier et Cie, Libraires-Éditeurs, 1860c. Disponível em: https://books.google.com.br/books?id=HipbAAAAcAAJ&pg=PA203&dq=livre+des+sprits&hl=pt-BR&sa=X&ved=0ahUKEwjI-MnzvZngAh VhF7kGHR5UDUwQ6AEIMzAB#v=onepage&q=livre%20des%20sprits&f=false. Acesso em: 01/05/2018.

______. **Le Livre des Esprits: Les principes de la Doctrine Spirite. Quatrième édition**. Paris: Didier et Cie, Libraires-Éditeurs, 1860d. Disponível em: https://www.kardecpedia.com/obra/2. Acesso em: 01/05/2018.

______. **Le Livre des Esprits: Les principes de la Doctrine Spirite. Nouvelle édition**. Paris: Didier et Cie, Libraires-Éditeurs, 1861a. Disponível em: https://www.kardecpedia.com/obra/2. Acesso em: 01/05/2018.

______. **Le Livre des Esprits: Les principes de la Doctrine Spirite. Cinquième édition**. Paris: Didier et Cie, Libraires-Éditeurs, 1861b. Disponível em: https://www.kardecpedia.com/obra/2. Acesso em: 01/05/2018.

______. **Le Livre des Esprits: Les principes de la Doctrine Spirite. Sixième édition**. Paris: Didier et Cie, Libraires-Éditeurs, 1862a. Disponível em: https://books.google.com.br/books? id=67rmFRI38F0C&pg=PP8&dq=livre+des+esprits&hl=pt-BR&sa=X&ved=0ahUKEwiKyN-8v5ngAhW1LLkGHVUZAGEQ6AEIVzAG#v=onepage&q=livre%20des%20esprits&f=false. Acesso em: 31/01/2019.

______. **Le Livre des Esprits: Les principes de la Doctrine Spirite. Septième édition**. Paris: Didier et Cie, Libraires-Éditeurs, 1862b. Disponível em: https://achatsreproduction.bnf.fr /views/ vel/demande_devis.jsf?provenance=Catalogue&urlReferer=/ark:/12148/cb30010959q&AppOrigine=Catalogue. Acesso em: 11/01/2019.

______. **Le Livre des Esprits: Les principes de la Doctrine Spirite. Huitième édition**. Paris: Didier et Cie, Libraires-Éditeurs, 1862c. Disponível em: https://achatsreproduction.bnf.fr/views /vel/demande_devis.jsf?provenance=Catalogue&urlReferur=/ark:/12148/cb30010960x&AppOrigine=Catalogue. Acesso em: 11/01/2019.

______. **Le Livre des Esprits: Les principes de la Doctrine Spirite. Neuvième édition**. Paris: Didier et Cie, Libraires-Éditeurs, 1863a. Disponível em: https://www.kardecpedia.com/obra/2. Acesso em: 01/05/2018.

______. **Le Livre des Esprits: Les principes de la Doctrine Spirite. Dixième édition**. Paris: Didier et Cie, Libraires-Éditeurs, 1863b. Disponível em: https://achatsreproduction.bnf.fr/views/ vel/demande_devis.jsf?provenance=Catalogue&urlReferer=/ark:/12148/cb300109618&AppOrigine=Catalogue2. Acesso em: 11/01/2019.

______. **Le Livre des Esprits: Les principes de la Doctrine Spirite. Onzième édition**. Paris: Didier et Cie, Libraires-Éditeurs, 1864a. Disponível em: https://www.kardecpedia.com/obra/2. Acesso em: 01/05/2018.

______. **Le Livre des Esprits: Les principes de la Doctrine Spirite. Douzième édition**. Paris: Didier et Cie, Libraires-Éditeurs, 1864b. Disponível em: https://gallica.bnf.fr/ark:/12148/bpt6k321 436w/f11.image.r=allan%20kardec. Acesso em: 31/01/2019.

______. **Le Livre des Esprits: Les principes de la Doctrine Spirite. Treizième édition**. Paris: Didier et Cie, Libraires-Éditeurs, 1865a. Disponível em: https://achatsreproduction.bnf.fr/views/ vel/demande_devis.jsf?provenance=Catalogue&urlReferer=/ark:/12148/cb-

30010963z&AppOrigine=Catalogue. Acesso em: 31/01/2019.

______. **Le Livre des Esprits: Les principes de la Doctrine Spirite. Quatorzième édition**. Paris: Didier et Cie, Libraires-Éditeurs, 1866a. Disponível em: https://www.kardecpedia.com/obra/2. Acesso em: 01/05/2018.

______. **Le Livre des Esprits: Les principes de la Doctrine Spirite. Quinzième édition**. Paris: Didier et Cie, Libraires-Éditeurs, 1867. Disponível em: https://gallica.bnf.fr/ark:/12148/bpt6k37236t/f3.image. Acesso em: 26/08/2018.

______. **Le Livre des Esprits: Les principes de la Doctrine Spirite. Seizième édition**. Paris: Didier et Cie, Libraires-Éditeurs, 1869a. Disponível em: https://www.kardecpedia.com/obra/2. Acesso em: 01/05/2018.

______. **Le Livre des Esprits: Les principes de la Doctrine Spirite. Dix-septième édition**. Paris: Didier et Cie, Libraires-Éditeurs, 1869b. Disponível em: https://www.kardecpedia.com / obra/2. Acesso em: 01/05/2018.

______. **Le Livre des Esprits: Les principes de la Doctrine Spirite. Dix-neuvième édition**. Paris: A La Librairie Spirite, 1870. Disponível em:https://books.google.com.br/books?id=g0hSAAAAcAAJ&printsec =frontcover&dq=livre+des+espespr&hl=pt-

BR&sa=X&ved=0ahUKE wiKyN-8v5ngAhW1 LLkGHVUZAGEQ6AEIQTAD#v=onepage&q =livre %20des%20esprits&f=false. Acesso em: 26/08/2018.

______. **Qu'est-ce que Le Spiritisme?** Introduction a la connaissance du monde invisible ou des esprits. Paris: Leydoen Libraires-Éditeur, 1859. Disponível em: https://books.google.com.br/books?id=rT9qsx gLGJIC&printsec=frontcover&dq=Qu%27est-ce+que+le+spiritisme&hl=pt-BR&sa=X&ved=0ahUKEwjG_8SE-NbjAhXHGbkGHS4iAkwQ6AE IKDAA#v=onepage&q=Qu'estce%20que%20le%20spiritisme&f=false. Acesso em: 26/08/2018.

DEMAIS OBRAS

ABREU, Silvino Canuto. **O Primeiro Livro dos Espíritos de Allan Kardec 1857:** Texto em fac-símile versão em face. Primeiro Centenário 1957. Texto bilíngue, traduzido por Canuto Abreu. Reprodução fotomecânica da 1ª ed. francesa. São Paulo: Companhia Editora Ismael, 1957. Edição comemorativa do primeiro centenário de *O Livro dos Espíritos.*

BARRERA, Florentino. **Resumo analítico das obras de Allan Kardec**. Tradução de David Caparelli. São Paulo: Madras Editora Ltda; São Paulo: USE, 2003.

BALDOVINO, Enrique Eliseo. **Resgate Histórico da 2ª Edição de Le Livre Des Esprits (1ª impressão rara de 1860)**. In: ______. Jornal Mundo Espírita de novembro de 2014. Disponível em: http://www.mundoespirita.com.br/?materia=resgate-historico-da-2a-edicao-de-le-livre-des-esprits-1a-impressao-rara-de-1860. Acesso em: 10/05/2018.

CHIBENI, Silvio Seno. **Notas históricas e bibliográficas sobre edições francesas de O Livro dos Espíritos**. In: _______. Jornal de Estudos Espíritas vol. 2 de 2014. Disponível em: http://dx.doi.org/10.22568/jee.v2.artn.010301. Acesso em: 10/06/2019.

DARÉ, Gustavo; FERREIRA, Vital. **Decodificando O Livro dos Espíritos**. Disponível em: http://www.assepe.org.br/artigos/leo_Decodificando_OLE.pdf. Acesso em: 10/06/2019. KARDEC, Allan.

FERREIRA, Vital. **A Edição Perdida (parte I), 2010**. Disponível em: http://decodificando-livro-espiritos.blogspot.com/2010/11/edicao-perdida-parte-1.html. Acesso em: 10/06/2019.

______. **A Edição Perdida (parte II), 2010.** Disponível em: http://decodificando-livro-espiritos.

blogspot.com/2010/12/edicao-perdida-parte-2.html. Acesso em: 10/06/2019.

______. **A Edição Perdida (parte III), 2011**. Disponível em: http://decodificando-livro-espiritos.blogspot.com/2011/01/edicao-perdida-parte-3.html. Acesso em: 10/06/2019.

O Livro dos Espíritos. Edição Histórica Bilíngue. Tradução de Evandro Noleto Bezerra da 1ª edição francesa de 1857. Brasília: FEB, 2013.

______. ***Le Livre des Esprits***. Reprodução fotomecânica da 2ª impressão da 2ª edição francesa de 1860, com adendos do Autor. XLIV-474 páginas, e com inclusão, no final do Livro, da Errata publicada na 5ª ed. francesa de 1861, pela Federação Espírita Brasileira, em trabalho conjunto com o CEI, a USFF e o IDE. Rio de Janeiro, FEB: 1998.

______. **O Livro dos Espíritos**. Tradução de Evandro Noleto Bezerra a partir da 2ª, 4ª, 5ª, 6ª, 10ª, e 12ª edições francesas. Ed. Especial. Rio de Janeiro: Federação Espírita Brasileira, 2006. Edição comemorativa pelo transcurso, em 18 de abril de 2007, do Sesquicentenário do lançamento de *O Livro dos Espíritos*.

______. **O Livro dos Espíritos**. Tradução de Guillon Ribeiro. 51ª ed. Rio de Janeiro: FEB, 1980.

______. **O Livro dos Espíritos**. Tradução de Herculano Pires. 33ª ed. Rio de Janeiro: LAKE, 1974.

______. **O Livro dos Médiuns ou Guia dos Médiuns e dos Evocadores**. Tradução de Evandro Noleto Bezerra da 2ª edição francesa. Rio de Janeiro: Federação Espírita Brasileira, 2009a.

______. **O Evangelho Segundo o Espiritismo**. Tradução de Evandro Noleto Bezerra da 3ª edição francesa, rev., corr. e mod. pelo autor em 1866. 2. ed. 4. Imp. Brasília: FEB, 2017.

______. **O Céu e o Inferno ou A Justiça Divina Segundo o Espiritismo**. Tradução de Evandro Noleto Bezerra. Rio de Janeiro: Federação Espírita Brasileira, 2009b.

______. **A Gênese: os milagres e as predições segundo o Espiritismo**. Tradução de Carlos de Brito Imbassahy, edição e notas de Paulo Henrique de Figueiredo, da 1ª ed. Francesa de 1868. São Paulo: Fundação Espírita André Luiz, 2018.

______. **Obras Póstumas**. Tradução de Evandro Noleto Bezerra da 1ª Edição Francesa de 1890. Rio de Janeiro: Federação Espírita Brasileira, 2009c.

______. **Instruções práticas sobre as manifestações espíritas**. Tradução de Júlio Abreu Filho. São Paulo: Editora Pensamento, 1993.

PIMENTEL, Marcelo Gulão. **O Método de Allan Kardec para investigação dos fenômenos mediúnicos (1854-1869)**. 2014. 146 f. Dissertação (Mestrado) – Universidade Federal de Juiz de Fora, Programa de Pós-Graduação em Saúde, 2014.

OS EXPOENTES da Codificação Espírita. Curitiba: Federação Espírita do Paraná, 2002.

RENAN, Ernest. **A Vida de Jesus**. Tradução Eliana Maria de A. Martins. Sumaré: Editora Martin Claret Ltda, 1995.

REVISTA ESPÍRITA: jornal de estudos psicológicos, v. 1, 1858. Publicada sob a direção de Allan Kardec. Tradução de Evandro Noleto Bezerra. Poesias traduzidas por Inaldo Lacerda Lima. 3ª ed. Rio de Janeiro: Federação Espírita Brasileira, 2004a.

______ v. 2, 1859. Publicada sob a direção de Allan Kardec. Tradução de Evandro Noleto Bezerra. Poesias traduzidas por Inaldo Lacerda Lima. 2ª ed. Rio de Janeiro: Federação Espírita Brasileira, 2004b.

______ v. 3, 1860. Publicada sob a direção de Allan Kardec. Tradução de Evandro Noleto Bezerra. Poesias traduzidas por Inaldo Lacerda Lima. 2ª ed. Rio de Janeiro: Federação Espírita Brasileira, 2004c.

______ v. 4, 1861. Publicada sob a direção de Allan Kardec. Tradução de Evandro Noleto Bezerra. Poesias traduzidas por Inaldo Lacerda Lima. 2ª ed. Rio de Janeiro: Federação Espírita Brasileira, 2004d.

______ v. 3, 1860. Publicada sob a direção de Allan Kardec. Tradução de Evandro Noleto Bezerra. Poesias traduzidas por Inaldo Lacerda Lima. 2ª ed. Rio de Janeiro: Federação Espírita Brasileira, 2004c.

______ v. 4, 1861. Publicada sob a direção de Allan Kardec. Tradução de Evandro Noleto Bezerra. Poesias traduzidas por Inaldo Lacerda Lima. 2ª ed. Rio de Janeiro: Federação Espírita Brasileira, 2004d.

______ v. 5, 1862. Publicada sob a direção de Allan Kardec. Tradução de Evandro Noleto Bezerra. Poesias traduzidas por Inaldo Lacerda Lima. 2ª ed. Rio de Janeiro: Federação Espírita Brasileira, 2004e.

______ v. 6, 1863. Publicada sob a direção de Allan Kardec. Tradução de Evandro Noleto Bezerra. Poesias traduzidas por Inaldo Lacerda Lima. 2ª ed. Rio de Janeiro: Federação Espírita Brasileira, 2004f.

______ v. 7, 1864. Publicada sob a direção de Allan Kardec. Tradução de Evandro Noleto Bezerra. Poesias traduzidas por Inaldo Lacerda Lima. 2ª ed. Rio de Janeiro: Federação Espírita Brasileira, 2004g.

______ v. 8, 1865. Publicada sob a direção de Allan Kardec. Tradução de Evandro Noleto Bezerra. Poesias traduzidas por Inaldo Lacerda Lima. 2ª ed. Rio de Janeiro: Federação Espírita Brasileira, 2004h.

______ v. 9, 1866. Publicada sob a direção de Allan Kardec. Tradução de Evandro Noleto Bezerra. Poesias traduzidas por Inaldo Lacerda Lima. Rio de Janeiro: Federação Espírita Brasileira, 2004i.

______ v. 10, 1867. Publicada sob a direção de Allan Kardec. Tradução de Evandro Noleto Bezerra.

Poesias traduzidas por Inaldo Lacerda Lima. Rio de Janeiro: Federação Espírita Brasileira, 2005a.

______ v. 11, 1868. Publicada sob a direção de Allan Kardec. Tradução de Evandro Noleto Bezerra. Poesias traduzidas por Inaldo Lacerda Lima. Rio de Janeiro: Federação Espírita Brasileira, 2005b.

______ v. 12, 1869. Publicada sob a direção de Allan Kardec. Tradução de Evandro Noleto Bezerra. Poesias traduzidas por Inaldo Lacerda Lima. Rio de Janeiro: Federação Espírita Brasileira, 2005c.

THIESEN, Francisco; WANTUIL, Zêus. **Allan Kardec: meticulosa pesquisa biobibliográfica**. Vol. I. Rio de Janeiro: Federação Espírita Brasileira, 1979.

______. **Allan Kardec: meticulosa pesquisa biobibliográfica**. Vol. II. Rio de Janeiro: Federação Espírita Brasileira, 1987.

DADOS BIOGRÁFICOS CONSULTADOS POR NOME

Wikipédia: a enciclopédia livre. Disponíveis em: http://pt.Wikipedia. org/wiki. Acessos de 01 a 19/10/2018.

Anexos

ANEXO A

INFORMES NA REVISTA ESPÍRITA SOBRE AS EDIÇÕES DE *O LIVRO DOS ESPÍRITOS*[15]

Revista Espírita - Ano 1860, janeiro, p.60:

Nota - A nova edição de *O Livro dos Espíritos* aparecerá em janeiro.

Revista Espírita - Ano 1860, março, p.154:

À VENDA - *O Livro dos Espíritos* - Segunda edição - INTEIRAMENTE REFUNDIDA E CONSIDERA-

15 Os textos transcritos foram todos da coleção da *Revista Espírita* de 1858 a 1869, editada pela FEB, tradução de Evandro Noleto (2004-2005).

VELMENTE AUMENTADA.

Revista Espírita - Ano 1861, março, p.116:

Pois bem! *O Livro dos Espíritos*, que passa por conter a mais completa exposição da doutrina, foi publicado em 1857; **a 2ª edição em abril de 1860; a 3ª em agosto de 1860**, isto é, quatro meses mais tarde; **e em fevereiro de 1861 a 4ª edição estava à venda**[16]. Assim, três edições em menos de um ano, provando que nem todo mundo é da opinião do Sr. Deschanel. Nossa nova obra, *O Livro dos Médiuns*, apareceu a 15 de janeiro de 1861 e já é preciso pensar em preparar uma nova edição. Foi pedido da Rússia, da Alemanha, da Itália, da Inglaterra, da Espanha, dos Estados Unidos, do México, do Brasil, etc.

Revista Espírita - Ano 1861, junho, p.321:

Seja como for, para acalmar os escrúpulos dos que não sabem muito, e julgam a doutrina em perigo por um erro de linguagem, real ou imaginário, nós alteramos a concordância **na quinta edição de *O Livro dos Espíritos*, que acaba de ser lançada**, [...].

Revista Espírita - Ano 1863, junho, p.238:

[...] contudo, nem uma palavra foi dita para o combater: todas as cóleras se concentraram sobre *O*

---

16 Na folha de rosto da 4ª edição figura o ano de 1860 (KARDEC, 1860d).

Livro dos Espíritos. Será, talvez, porque em seis anos chegou à décima edição e espalhou-se em todos os países do mundo?

Revista Espírita - Ano 1865, novembro, p.444:
Como sois de boa-fé, no que concerne à doutrina do Espiritismo, rogamos que também vos digneis publicar no Diário uma passagem de *O Livro dos Espíritos*, do Sr. Allan Kardec, já **na décima terceira edição.**

Revista Espírita - Ano 1866, janeiro, p.26:
Um fato lhe provava a impotência dos ataques de que ela é objeto: é que, no momento de sua morte, ele imprimia (02/12/1865) a **14ª edição de *O Livro dos Espíritos*.**

Revista Espírita - Ano 1869, maio, p.197:
Recolheu e pôs em ordem os resultados conseguidos dessa longa observação e com eles compôs o corpo de doutrina que publicou em 1857, na primeira edição de *O Livro dos Espíritos*. Todos sabeis que êxito alcançou essa obra, na França e no estrangeiro. **Havendo atingido a 16ª edição,** tem espalhado em todas as classes esse corpo de doutrina elementar que na sua essência, não é absolutamente novo, porquanto a escola de Pitágoras, na Grécia, e a dos druidas, em nossa própria Gália, ensinavam os seus princípios fundamentais, mas que agora reveste uma forma de verdadeira atualidade, por corresponder aos fenômenos.

ANEXO B

BREVE BIOGRAFIA DOS ESPÍRITOS QUE ASSINARAM *O LIVRO DOS ESPÍRITOS*[17]

SÃO JOÃO EVANGELISTA

Foi um dos doze discípulos de Jesus, consta que vivia em Betsaida, na Galileia, morreu em Éfeso, Ásia Menor, em idade avançada. Era pescador junto com seu pai Zebedeu e seu irmão, Tiago, também um dos dozes apóstolos de Jesus. Segundo Ernest Renan (1995, p.186) *"Eles estavam imbuídos de energia e paixão. Jesus os havia apelidado, com graça, de 'filhos do trovão', por causa do zelo excessivo com que, muitas vezes, teriam feito uso do raio se dele pudessem dispor"*. João, junto com Tiago, seu irmão, e Pedro formavam o grupo mais íntimo dos discípulos de Jesus, participante de momentos especiais da trajetória terrena do Cristo. Atribui-se a ele, a elaboração do Evangelho segundo João, de três epístolas (João 1, 2, e 3) e do livro do Apocalipse, todos esses inclusos no Novo Testamento.

SANTO AGOSTINHO

Aurelius Augustinus Hipponensis, conhecido como Santo Agostinho, nasceu em 354 na cidade de

---

17 Principais fontes de consultas deste item: Wikipédia: a enciclopédia livre. Disponível em: https://pt.wikipedia.org/wiki e Os Expoentes da Codificação Espírita (2002).

Tagaste, no norte da África. Foi um dos mais importantes teólogos e filósofos do cristianismo nascente. Suas obras influenciaram a formação da doutrina cristã e da filosofia ocidental. Foi bispo auxiliar de Hipona, cidade romana da África. Considerado um dos mais importantes Padres da Igreja Cristã. Seus livros mais influentes são *A Cidade de Deus* e *Confissões*. Na juventude, Agostinho foi seguidor do Maniqueísmo, em seguida optou pelo neoplatonismo de Plotino, depois se converteu ao cristianismo sob a orientação do Bispo Ambrósio de Milão, sendo batizado no ano de 387. Faleceu no ano de 430 na cidade de Hipona.

SÃO VICENTE DE PAULO

Nasceu em 1581, na aldeia Pouy, sul da França. Foi um dos protagonistas da Reforma Católica na França do século XVII. De notável inteligência e devoção, foi ordenado sacerdote aos dezenove anos, em 1600. Vicente de Paulo criou várias obras de caridade, de atendimento aos pobres, velhos, doentes e órfãos, e de tanto relevantes, que São Francisco de Sales o considerava o "padre mais santo do século". Faleceu em 1660 e foi canonizado pelo Papa Clemente XII em 1737. Em 12 de maio de 1885, Papa Leão XIII o declarou patrono das obras de caridade de toda a Igreja Católica.

SÃO LUÍS

Luís IX, nasceu em Poissy, em 1214 e faleceu em Tunes, em 1270 (cidades francesas). Conhecido como São Luís, foi rei na França em 1226. É um santo da Igreja Católica. Casou-se com a rainha Margarida da Provença em 1234 e teve onze filhos com ela. O Rei Luís IX consolidou a supremacia real na França enfrentando os nobres poderosos. Após anexar a maior parte das antigas terras inglesas na França, assinou um tratado que colocou fim à chamada Guerra dos Cem Anos com a Inglaterra. Criou as bases da justiça real francesa, na qual o rei era o juiz supremo a quem qualquer pessoa era capaz de apelar, proibiu julgamentos por aprovação e introduziu a presunção de inocência no processo criminal. Era admirado por seus súditos e por toda a Europa como um rei extremamente justo. Morreu no norte da África e foi canonizado pelo Papa Bonifácio VIII em 1297.

O ESPÍRITO DE VERDADE

O Espírito de Verdade ou Espírito da Verdade é o responsável pela implantação da Doutrina Espírita no mundo. Inspirou Allan Kardec na elaboração da Codificação Espírita. Diversas mensagens colocadas nos livros da Codificação e no periódico *Revista Espírita* foram assinadas pelo Espírito da Verdade ou fizeram referência a este, as quais dão argumentos de que o Espírito da Verdade poderia ser o próprio Jesus trazendo o Consolador Prometido, no caso, o Espiritismo, segundo opinião de Kardec no livro *A Gênese* (2018, p.62) "*[...] reconhece-se que o Espiritismo realiza todas as promessas do Cristo em relação ao* Consolador *anunciado*", em seguida esclarece "*Ora, como é o* Espírito da Verdade *que preside o grande movimento da regeneração, a promessa de sua vinda encontra-se cumprida, porque, de fato, ele [o Espiritismo] é o verdadeiro* Consolador." (KARDEC, 2018, p.62, grifo no original e interpolação da análise).

SÓCRATES

Filósofo grego da época da Grécia Clássica. Nasceu em 469 a.C. em Atenas e morreu em 399 a.C., na mesma cidade. Considerado um dos fundadores da filosofia ocidental, é conhecido, principalmente, através dos escritos de dois de seus discípulos, Platão e Xenofonte, e pelas peças teatrais de Aristófanes. Allan Kardec considerou Sócrates e Platão como precursores do cristianismo: "*Assim aconteceu com a ideia cristã que foi pressentida muitos séculos antes de Jesus e dos essênios, e da qual Sócrates e Platão foram os principais precursores*" (KARDEC, 2017, p.27). Inquirido por um amigo de Sócrates, o Oráculo de Delfos declarou-o o mais sábio dos homens. Deixou grande contribuição no campo da Ética, estabelecendo um método de discussão e aprendizado através do diálogo (maiêutica socrática). Uma de suas frases célebres dizia "*Ninguém faz o mal volun-*

tariamente, mas por ignorância, pois a sabedoria e a virtude são inseparáveis". Acusado por desvirtuar a juventude ateniense dos costumes religiosos gregos, foi condenado à morte. Seu legado dividiu a Filosofia grega em duas partes, os pré-socráticos e os pós-socráticos.

PLATÃO

Platão nasceu em Atenas, em 428 ou 427 a.C. e morreu, também em Antenas em 348 ou 347 a.C. Foi filósofo e matemático do período clássico grego, autor de diversos diálogos filosóficos e fundador da famosa Academia em Atenas. Foi discípulo de Sócrates e mentor de Aristóteles. Platão, um dos fundadores da filosofia natural, da ciência e da filosofia ocidental. Considerado um dos melhores filósofos da Antiguidade. Muitos dos seus escritos sobreviveram até os dias atuais, destacam-se: A Apologia de Sócrates, A República, Fédon, Banquete, Teeteto. Também considerado por Allan Kardec, junto com seu mestre Sócrates precursores do cristianismo. O famoso Mito da Caverna, presente na obra *A República* (Livro VII), teceu uma metáfora da condição humana, onde descreve o processo para o desenvolvimento da consciência e da realidade espiritual.

FÉNELON

François de Salignac de La Mothe-Fénelon, pseudônimo François Fénelon, de família nobre francesa, nasceu no Castelo de Périgord, na cidade de Sainte--Mondane, em 1651, morreu em Cambrai, em 1715. Teólogo católico, poeta e escritor francês, de ideais liberais sobre política e educação. Aos quinze anos já pregava sermões e aos vinte e quatro foi ordenado padre. Diretor de uma instituição religiosa de reeducação de jovens protestantes convertidas ao catolicismo. Em 1687 escreveu o livro *Tratado de Educação das Meninas*, por isso, foi solicitado pela duquesa de Beauviller para orientar suas filhas. Obra de sucesso à época, foi estudada pelos pedagogos e lhe valeu um cargo de preceptor do príncipe de Borgonha, neto do rei francês Luís XIV e o segundo na linha de sucessão ao trono. Aos 42 anos torna-se membro da Academia Francesa de Letras. Por suas ideias liberais, expostas em suas obras literárias, foi condenado pela Santa Sé e ficou privado de seus títulos e pensões. Em 1699, publicou um romance didático intitulado *As Aventuras de Telêmaco*, que o fez cair em desgraça perante Luís XIV. Esta obra tornou-se um clássico da literatura francesa e foi traduzida para idioma alemão por Allan Kardec (THIESEN e WANTUIL, 1979, vol. I, p.122).

FRANKLIN

Benjamin Franklin, nasceu em Boston em 1706 e morreu na Filadélfia em 1790. Considerado um dos fundadores dos Estados Unidos e um dos homens de maior referência das Américas. Franklin era polímata, autor, editor, impressor, teórico político, político, cientista, inventor, humorista, ativista cívico, maçom, músico, estadista, diplomata e filantropo. Religioso calvinista, e figura representativa do iluminismo. Cientista de renome por suas descobertas e teorias sobre eletricidade e hidrodinâmica. Inventor célebre dos para-raios, dos óculos bifocais, do fogão Franklin, entre outras invenções. Fundador de organizações cívicas, incluindo a Universidade da Pensilvânia e a Sociedade Filosófica Americana, o primeiro corpo de bombeiros da Filadélfia. Foi emissário dos Estados Unidos na França, onde obteve relevante sucesso. No final da existência dedicou-se à abolição da escravatura.

SWEDENBORG

Emanuel Swedenborg, nasceu em Estocolmo, em 1688 e morreu em Londres, 1772. Foi um polímata e espiritualista sueco, cientista, inventor, religioso e filósofo. Desenhou uma "máquina de voar", fundou a primeira revista científica da Suécia, publicou obras em diversos campos do conhecimento, como geologia, biologia, astronomia e psicologia. Poliglota, falava sueco, holandês, inglês, francês, alemão, hebraico, grego, latim e italiano. Formado em Engenharia de Minas, exerceu por muitos anos o cargo público de Assessor Real para assuntos de mineração. Foi catedrático de Matemática na Universidade de Upsália, ao mesmo tempo em que pesquisava áreas tão distintas quanto anatomia, geologia, paleontologia, astronomia, hidráulica e psicologia. Aos 56 anos, relata que foi designado por Jesus, para a missão de ser o porta-voz da revelação do sentido espiritual da Bíblia. Considerado um dos precursores das ideias espíritas, descreveu o mundo espiritual. Criou uma religião chamada swedenborgianismo.

HAHNEMANN

Christian Friedrich Samuel Hahnemann, nasceu em Meissen, na Saxônia, Alemanha, em 1755 e morreu em Paris, 1843. Médico, farmacologista, químico, farmacêutico, professor universitário, bibliotecário, foi o fundador da homeopatia. Estudou medicina em Leipzig e em Viena. Em 1810, Hahnemann publicou a primeira edição do tratado *ORGANON* de medicina racional. Ampliou esta obra em função de suas experiências, na versão final colocou o título *ORGANON A Arte de Curar*. Este livro se tornou um clássico, a referência da Medicina Homeopata. Em 1812 era docente na Universidade de Leipzig. Foi tradutor de obras na área da Química e Farmacologia. Mas, só foi reconhecido tardiamente por sua teoria e experiências no tratamento de doenças crônicas utilizando a homeopatia.

NAPOLEÃO I

Napoleão Bonaparte nasceu em 1769, na cidade de Ajaccio, Córsega, morreu na Ilha de Santa Helena, em

1821. Foi um líder político e militar durante os últimos anos da Revolução Francesa de 1789. Sagrou-se imperador da França em 1804, após um golpe de estado e adotou o nome de Napoleão I, em 1814 foi deposto da posição e voltou a ocupar por alguns meses em 1815. Empreendeu as chamadas guerras napoleônicas e a França dominou a maior parte das nações europeias, mudando a geopolítica do mundo ocidental. Foi um grande reformador da legislação civil e penal, com o estabelecimento em 1804 do Código Napoleônico que influenciou a legislação de vários países. Criou o Banco da França, regulou a emissão de moedas, estimulou a economia do país. Reorganizou o sistema de ensino com base nos ideais iluministas.

ANEXO C

CORRELAÇÃO ENTRE AS PERGUNTAS DA 1ª E 2ª EDIÇÃO

Perg. 2ª LE	Perg. 1ª LE
1	1
2	7a
3	7
4	2
5	3
6	3a
7	4
8	5
9	6
10	9, 9a
11	9b
12	10
13	10a
14	8
15	x
16	x
17	12
18	13
19	14, 14b
20	15
21	x
22	x
22.a	x
23	x
23.a	x
24	x
25	x
25.a	x
26	x
27	x
27.a	x
28	x
29	x
30	x
31	x
32	x
33	x
33.a	x
34	x

Perg. 2ª LE	Perg. 1ª LE
34.a	x
35	16
36	x
37	11, 11a
38	11a
39	x
40	x
41	x
42	12a
43	20b
44	20a, 20b
45	NOTA I
46	20b
47	21
48	19a
49	x
50	21a, 21b
51	21d
52	22
53	x
53.a	22a
54	22b
55	17, 17a
56	18
57	18a
58	18.b
59	19
60	24
61	24a
62	24b
63	x
64	x
64.a	x
65	x
66	25
67	26
67.a	26.a
68	27
68.a	27.a

Perg. 2ª LE	Perg. 1ª LE
69	x
70	28, 28a, 28b
71	29
72	x
72.a	x
73	30, 31
74	31a
75	36
75.a	30a, 31a, 36a
76	x
77	40
78	38
79	x
80	x
81	x
82	39
83	x
84	44
85	45, 45a
86	45b
87	46, 46a
88	41
88.a	41a
89	47a
89.a	x
90	x
91	47b
92	48
92.a	48
93	42, 42b
94	42a, 42b, 138a
94.a	x
95	42b
96	54, 54a
97	54b, 55
98	56b
99	57b
100	x
101	57a

Perg. 2ª LE	Perg. 1ª LE
102	57c
103	57c
104	IP
105	57c
106	x
107	56, 56a
108	IP
109	IP
110	IP
111	IP
112	IP
113	55, 55a
114	58, 58a
115	53
115.a	53a
116	59
117	59a
118	60
119	x
120	x
121	x
122	x
122.a	x
122.b	x
123	x
124	x
125	x
126	x
127	x
128	55b
129	55b
130	x
131	62
132	80a
133	x
133.a	x
134	81
134.a	x
134.b	81a, 81b

Perg. 2ª LE	Perg. 1ª LE
135	x
135.a	82a
136	104
136.a	104a
136.b	x
137	90
138	81b
139	x
140	92
140.a	x
141	94, 164
142	x
143	x
144	x
145	x
146	93, 93a, 93b
146.a	93c
147	14a
148	x
149	101
150	102
150.a	x
150.b	x
151	103
152	x
153	x
153.a	x
154	105
155	x
155.a	106
156	107
157	110, 110a
158	111
159	109, 109a
160	x
161	106, 107
162	x
163	108
164	486a

Perg. 2ª LE	Perg. 1ª LE
165	108a
166	x
166.a	x
166.b	125
166.c	x
167	125a
168	x
169	x
170	137
171	125a, 126
172	130, 130a
173	x
173.a	130b
173.b	130c
174	x
175	x
175.a	x
176	130d
176.a	x
176.b	x
177	x
177.a	x
178	133, 133a
178.a	x
178.b	x
179	134
180	x
181	132
182	132a
183	x
184	x
184.a	x
185	135, 135a, 135b
186	136
186.a	x
187	138b, 138c
188	NOTA III
189	x
190	x

Perg. 2ª LE	Perg. 1ª LE
191	x
191.a	x
192	x
192.a	x
193	149
194	150
194.a	149b, 150a
195	x
196	129, 129a
196.a	129a
197	x
197.a	x
198	141
199	141b
199.a	141a
200	x
201	131
202	x
203	87
204	185b
205	x
205.a	x
206	x
207	88
207.a	88a
208	89
209	x
210	x
211	90a
212	x
213	x
214	x
215	91
216	151
217	152
218	100
218.a	x
218.b	x
219	x
220	x
221	100a
221.a	100b
222	NOTA IV
223	139
224	140
224.a	139a
224.b	x
225	140a
226	x
227	x
228	120
229	x
230	80
231	140b
232	x
233	x
234	x
234.a	x
235	x
236	x
236.a	x
236.b	x
236.c	x
236.d	x
236.e	x
237	67
238	68
239	13a
240	69
241	70
242	71, 71a
243	72
243.a	72a
244	483
244.a	x
244.b	x
245	49, 49.a
246	x
247	49b
248	x
249	x
249.a	x
250	x
251	x
252	x
253	73
254	73
255	x
256	x
257	x
258	x
258.a	x
259	145a
260	x
260.a	x
261	x
262	x
262.a	x
263	x
264	145b
265	x
266	145c, NOTA V
267	145c
267.a	x
268	x
269	x
270	x
271	x
272	x
273	x
274	x
274.a	x
275	124
275a	124a
276	124b
277	x
278	76, 76a, 78

Perg. 2ª LE	Perg. 1ª LE
279	x
280	77b
281	78a, 78c
282	52
283	50, 51, 119
284	x
285	116
285a	117
286	486
287	121, 121a
288	121b
289	x
290	x
291	79
292	79a
293	118
294	118a
295	196a
296	79c
297	x
298	x
299	x
300	x
301	x
302	x
303	x
303.a	x
304	112
305	x
306	x
306.a	x
306.b	x
307	x
308	146
309	112a
309.a	x
310	x
311	x
312	x
313	122
314	123
315	x
316	x
317	x
318	x
319	x
320	x
321	x
321.a	x
321.b	x
322	x
323	x
324	x
325	x
325.a	x
326	113
327	x
327.a	x
328	x
329	115
330	x
330.a	x
331	x
332	x
333	x
334	x
335	145
335.a	x
336	x
337	x
338	x
339	x
340	x
341	x
342	x
343	x
344	86
345	x
346	x
346.a	x
347	x
348	x
349	x
350	x
351	x
352	x
353	x
354	x
355	x
356	x
356.a	x
356.b	x
357	x
358	x
359	x
360	x
361	83
361a	83a
362	x
363	78b
364	85
365	85a
366	x
367	96
368	96a
368a	96b
369	96b
370	x
370.a	404
371	x
372	98b
372.a	x
373	x
373.a	x
374	x
375	x
375.a	x

Perg. 2ª LE	Perg. 1ª LE
376	x
377	x
378	x
379	97
380	x
381	x
382	x
383	x
384	x
385	x
386	x
386.a	x
387	x
388	x
389	x
390	x
391	x
392	99, 99a
393	147
394	x
395	148
396	148a
397	148b
398	x
398.a	x
399	x
400	153
401	154, 154a
402	155, 155a
403	x
404	x
405	x
406	x
407	162,162b
408	162a
409	x
410	x
410.a	x

Perg. 2ª LE	Perg. 1ª LE
411	x
412	x
413	x
414	x
415	x
416	x
417	x
418	x
419	163
420	164
421	164a, 164b
422	x
422.a	x
423	x
424	x
425	156
426	166
427	166a, 166b
428	167
429	167a
430	168
431	169a
432	x
433	169
434	x
435	x
436	x
437	x
438	x
439	165
440	165a,165b
441	164, 165d
442	165e
443	165c
444	x
445	171
446	171a
447	157, 157a
448	158
449	158a

Perg. 2ª LE	Perg. 1ª LE
450	x
450.a	x
451	x
452	161,161a,161b
453	159
454	160a
454a	160, 160b
455	157a, 158a, 160b, 165e,166b, 167a,168, 169a, 171a
456	119, 172
457	119, 172a
457a	119a
458	172b
459	173, 173a
460	174
461	175
462	x
463	176a, 194
464	176, 193c
465	177
465a	177a
465b	177b
466	177c
467	178
468	178a
469	178a
470	x
471	x
472	x
473	198
474	199
475	x
476	x
477	x
478	x
479	x
480	x
481	x
481.a	x

Perg. 2ª LE	Perg. 1ª LE
482	x
483	x
484	184, 184a
485	184b
486	181
487	181a
488	185
488a	185a
489	187
490	189b
491	x
492	187b
493	188
493a	188a
494	191
495	190
496	x
497	x
498	x
499	x
500	x
501	x
502	x
502.a	x
503	x
504	x
504.a	x
505	x
506	192b
507	x
508	x
509	192a
510	x
511	x
512	x
513	x
513.a	x
514	x
515	195
516	195a

Perg. 2ª LE	Perg. 1ª LE
517	187c
518	x
519	x
520	x
521	x
522	x
523	194a, 194b
524	193b
525	173b
525.a	x
526	x
527	x
528	x
529	x
529.a	x
530	x
530.a	x
531	196
531.a	x
532	182
533	x
533.a	x
534	183
535	x
535.a	x
535.b	x
536	x
536.a	x
536.b	x
537	x
537.a	x
538	x
538.a	x
539	x
540	x
541	x
542	x
543	x

Perg. 2ª LE	Perg. 1ª LE
544	x
545	x
546	x
547	x
547.a	x
548	x
549	180a
550	x
551	x
552	x
553	x
553.a	x
554	x
555	x
556	x
557	197
558	63
559	63a
560	64
561	65
562	x
562.a	x
563	x
563.a	x
564	x
565	x
566	x
566.a	x
567	x
568	x
569	x
570	x
571	x
572	x
572.a	x
573	x
574	x
574.a	x
575	x
576	x

Perg. 2ª LE	Perg. 1ª LE
577	x
578	x
578.a	x
579	x
580	x
581	x
582	x
583	x
583.a	x
584	x
584.a	x
585	x
586	x
587	x
588	x
589	x
590	x
591	x
592	34, 35
593	32
594	33
594a	33a
595	436
596	x
597	437
597a	437b
598	437a
599	x
600	x
601	437c
602	437f
603	437d
604	x
604.a	x
605	84, 84a
605.a	x
606	x
606.a	x

Perg. 2ª LE	Perg. 1ª LE
607	x
607.a	x
607.b	x
608	x
609	x
610	x
611	x
612	x
613	128a
614	281
615	277
616	277a
617	278
617a	278a
618	x
619	280, 280a
620	296
621	283
621a	298a
622	299
623	300
624	300a
625	301
626	302
627	303
628	303a
629	279
630	279a
631	283a
632	284
633	285
634	288a
635	286
636	287, 287a, 287b
637	287c
638	288
639	289
640	290
641	291
642	293

Perg. 2ª LE	Perg. 1ª LE
643	294
644	390
645	390a
646	295
647	305
648	305a
649	306, 307b
650	307
651	307a
652	x
653	308
653a	308a
654	308b, 308c
655	x
656	309
657	315
658	312
659	x
660	313,313a
660.a	x
661	314
662	316
663	319
664	x
665	x
666	311
667	x
668	x
669	x
669.a	x
669.b	x
670	x
671	x
672	x
673	x
674	320
675	322
676	320a, 321

Perg. 2ª LE	Perg. 1ª LE
677	320a
678	321a
679	324, 324a
680	323
681	327b
682	325
683	325a
684	326
685	327
685a	327a
686	328
687	329
688	330
689	330a
690	x
691	x
692	333
692.a	x
693	331
693a	331a
694	332
695	335
696	335a
697	336
698	334
699	334a
700	337
701	337a, 337b
702	338
703	338a
704	339
705	340
706	342
707	x
708	x
709	x
710	359a
711	341
712	344
712a	344a

Perg. 2ª LE	Perg. 1ª LE
713	345, 345a
714	346
714a	345a, 346a
715	343
716	343a
717	341a
718	347
719	347a
720	348
720a	348a
721	349
722	360a
723	360
724	x
725	350
726	x
727	x
728	357a
728.a	362
729	x
730	x
731	357
732	x
733	359, 359a
734	361
735	361a
736	x
737	372
738	373
738.a	373a
738.b	x
739	374
740	375
741	376
742	377
743	379b
744	379
744.a	379a

Perg. 2ª LE	Perg. 1ª LE
745	x
746	363a
747	364
748	364a
749	378
750	x
751	x
752	x
753	368
754	369
755	370
756	371
757	365
758	365a
758.a	365b
759	366
759.a	366a
760	367
761	x
762	x
763	x
764	x
765	x
766	380
767	381
768	381a
769	382
770	383
770.a	383a
771	384
771.a	384a
772	385
773	x
774	x
775	x
776	282, 282a
777	282.a, 393
778	394
779	391
780	392

Perg. 2ª LE	Perg. 1ª LE
780.a	392a
780.b	x
781	395
781.a	395a
782	396
783	397
784	387a
785	x
786	149b, 398
787	402
787.a	402a
787.b	402b
788	x
789	x
790	400
790.a	400a
791	400b
792	399
792.a	399a
793	400b
794	386
795	386a, 387
796	388
797	417a
798	x
799	x
800	x
801	x
802	x
803	403
804	404, 405
805	405a
806	406
806.a	406a
807	407
808	408
808.a	408a
809	x
810	x
811	409, 409.a

Perg. 2ª LE	Perg. 1ª LE
811.a	409b
812	410
812.a	410a, 410.b
813	410d
814	411
815	411a
816	411b
817	413
818	413a
819	414
820	414a
821	415
822	416
822.a	416a
823	412
823.a	412a
824	412b
825	418, 418a
826	418b
827	419
828	x
828.a	x
829	419a, 419b
830	420
831	421
832	422
833	423, 423a
834	424
835	425
836	425a
837	425b
838	427,427a
839	428
840	429
841	430
842	431
843	432
844	433
845	433a,433b
846	x

Perg. 2ª LE	Perg. 1ª LE
847	434
848	435
849	438, 438a
850	439, 439a
851	441
852	183a
853	x
853.a	441b
854	x
855	x
856	x
857	x
858	x
859	441c
859.a	Nota XV
860	x
861	Nota XV
862	x
863	x
864	x
865	x
866	x
867	x
868	x
869	x
870	x
871	x
872	Nota XV,433b,440,441c
873	x
874	x
875	442a
875.a	x
876	443a
877	442
878	443
878a	443a
879	444
880	446
881	448
882	449

Perg. 2ª LE	Perg. 1ª LE
883	450
883a	450a
884	451
885	452
886	444a
887	445
888	447
888a	447a,b
889	447b
890	x
891	x
892	x
893	x
894	x
895	x
896	x
897	x
897.a	x
897.b	x
898	x
899	x
900	x
901	x
902	x
903	x
904	x
904.a	x
905	x
906	x
907	453
908	453
909	454
910	454a
911	454b
912	x
913	455, 456d
914	456, 456b
915	x
916	456a, 456c
917	x

Perg. 2ª LE	Perg. 1ª LE
918	457
919	x
919.a	x
920	459
921	460
922	461
923	461a
924	462
925	x
926	464
927	465
928	466
928.a	466a
929	x
930	465
931	x
932	x
933	464
934	468
935	468a
936	x
937	469
938	469a
938.a	469b
939	470
940	471
940.a	471a
941	472
942	473
943	467
944	351
944.a	351a
945	352
946	353
946.a	353a
947	x
948	354
949	354a
950	355
951	356
952	x

Perg. 2ª LE	Perg. 1ª LE
952.a	x
953	x
953.a	x
953.b	x
954	x
955	x
956	x
957	x
958	474
959	474, 475
960	476
961	477
962	475, 477a
963	478
964	NOTA XVI, 478a
965	75, 479
966	479a
967	x
968	x
969	x
970	x
971	x
971.a	x
972	x
972.a	x
973	479a
974	496
974.a	496a, 496b
975	481, 484
976	482
976.a	x
977	485
977.a	485a
978	487
979	487a
980	488
981	x
982	x
983	489
984	463

Perg. 2ª LE	Perg. 1ª LE
985	490
986	491
987	492
988	493
989	x
990	142
991	142a
992	142c
993	179
994	143
995	x
995.a	x
996	x
997	x
998	144
999	x
999.a	x
1000	458, 458a
1001	458a
1002	x
1003	x
1004	x
1005	x
1006	x
1007	x
1008	x
1009	x
1010	x
1011	x
1012	494
1012.a	495
1013	497
1014	500
1014.a	500a
1015	x
1016	x
1017	501
1018	x
1019	x

ANEXO D

QUADRO GERAL

Primeira Edição: 18/04/1857							
LIVRO PRIMEIRO - DOUTRINA ESPÍRITA						Retirada	Aprov.
Cap.	**Tema**	**Nº da Perg.**	**Perg.**	**SubItem**	**Total**	**da 1ª Ed.**	**na 2ª Ed.**
1	**Deus**	nº 01 - 10	10	5	**15**	0	15
2	**Criação**	nº 11 - 22	12	17	**29**	2	27
3	**Mundo Corpóreo**	nº 23 - 37	15	10	**25**	2	23
4	**Mundo Espiritual ou dos Espíritos**	nº 38 - 79	42	35	**77**	10	67
5	**Encarnação dos Espíritos**	nº 80 - 100	21	21	**42**	6	36
6	**Retorno da Vida Corpórea à Vida Espiritual**	nº 101 - 124	24	11	**35**	1	34
7	**Diferentes Encarnações dos Espíritos**	nº 125 - 152	28	32	**60**	7	53
8	**Emancipação da Alma Durante a Vida Corpórea**	nº 153 - 171	19	24	**43**	4	39
9	**Intervenções dos Espíritos no Mundo Corpóreo**	nº 172 - 199	28	32	**60**	9	51
10	**Manifestações dos Espíritos**	nº 200 - 276	77	87	**164**	164	0
			276	***274***	***550***	***205***	***345***

LIVRO SEGUNDO - LEIS MORAIS						Retir.	Aprov.
Cap.	**Tema**	**Nº da Perg.**	**Perg.**	**SubItem**	**Total**	**da 1ª Ed.**	**na 2ª Ed.**
1	**Lei Divina ou Natural**	nº. 277 - 305	29	17	**46**	7	39
2	**Lei de Adoração**	nº. 306 - 319	14	7	**21**	4	17
3	**Lei do Trabalho**	nº. 320 - 327	8	6	**14**	0	14
4	**Lei de Reprodução**	nº. 328 - 337	10	6	**16**	0	16
5	**Lei de Conservação**	nº. 338 - 356	19	11	**30**	0	30
6	**Lei de Destruição**	nº. 357 - 379	23	12	**35**	2	33
7	**Lei de Sociedade**	nº. 380 - 390	11	7	**18**	2	16
8	**Lei do Progresso**	nº. 391 - 402	12	7	**19**	1	18
9	**Lei de Igualdade**	nº. 403 - 417	15	18	**33**	3	30
10	**Lei de Liberdade**	nº. 418 - 441	24	20	**44**	4	40
11	**Lei de Justiça, Amor e Caridade**	nº. 442 - 452	11	6	**17**	0	17
12	**Perfeição Moral do Homem**	nº. 453 - 458	6	7	**13**	0	13
			182	***124***	***306***	***23***	***283***
LIVRO TERCEIRO - ESPERANÇAS E CONSOLAÇÕES						**Retir.**	**Aprov.**
Cap.	**Tema**	**Nº da Perg.**	**Perg.**	**SubItem**	**Total**	**da 1ª Ed.**	**na 2ª Ed.**
13	**Felicidade e Infelicidade na Terra**	nº. 459 - 473	15	6	**21**	0	21
14	**Penas e Recompensas Futuras**	nº. 474 - 501	28	13	**41**	7	34
			43	***19***	***62***	***7***	***55***
24			**501**	**417**	**918**	**235**	**683**

Segunda Edição: 18/03/1860						
LIVRO PRIMEIRO - CAUSAS PRIMEIRAS E LIVRO SEGUNDO - MUNDO ESPIRITUAL OU DOS ESPÍRITOS						Novas
Cap.	Tema	Nº da Perg.	Perg.	Subitem	Total	na 2ª Ed.
1	Deus	nº 01 - 16	16	0	**16**	2
2	Elementos Gerais do Universo	nº 17 - 36	20	6	**26**	21
3	Criação	nº 37 - 59	23	1	**24**	6
4	Princípio Vital	nº 60 - 75a	16	5	**21**	7
5	Espíritos	nº 76 - 131	56	7	**63**	29
6	Encarnação dos Espíritos	nº. 132 - 148	17	8	**25**	12
7	Retorno da Vida Corporal à Vida Espiritual	nº. 149 - 165	17	4	**21**	8
8	Pluralidade das Existências	nº. 166 - 221	56	24	**80**	44
9	Considerações sobre a Pluralidade das Existências	nº. 222	1	0	**1**	1
10	Vida Espiritual	nº. 223 - 329	107	27	**134**	84
11	Retorno à Vida Corporal	nº. 330 - 399	70	13	**83**	64
12	Emancipação da Alma	nº. 400 - 455	56	4	**60**	29
13	Intervenção dos Espíritos no Mundo Corporal	nº. 456 - 557	102	22	**124**	81
14	Ocupações e Missões dos Espíritos	nº. 558 - 584a	27	8	**35**	31
15	Os Três Reinos	nº. 585 - 613	29	7	**36**	24
			613	*136*	*749*	*443*

LIVRO TERCEIRO - LEIS MORAIS						Novas
Cap.	Tema	Nº da Perg.	Perg.	Subitem	Total	na 2ª Ed.
1	Lei Divina ou Natural	nº. 614 - 648	35	2	**37**	1
2	Lei de Adoração	nº. 649 - 673	25	4	**29**	15
3	Lei do Trabalho	nº. 674 - 685a	12	1	**13**	0
4	Lei de Reprodução	nº. 686 - 701	16	2	**18**	3
5	Lei de Conservação	nº. 702 - 727	26	3	**29**	6
6	Lei de Destruição	nº. 728 - 765	38	6	**44**	14
7	Lei de Sociedade	nº. 766 - 775	10	2	**12**	3
8	Lei do Progresso	nº. 776 - 802	27	7	**34**	10
9	Lei de Igualdade	nº. 803 - 824	22	6	**28**	2
10	Lei de Liberdade	nº. 825 - 872	48	3	**51**	22
11	Lei de Justiça, Amor e Caridade	nº. 873 - 892	20	4	**24**	7
12	Perfeição Moral	nº. 893 - 919a	27	4	**31**	22
			306	*44*	*350*	*105*
LIVRO QUARTO - ESPERANÇAS E CONSOLAÇÕES						Novas
Cap.	Tema	Nº da Perg.	Perg.	Subitem	Total	na 2ª Ed.
13	Penas e Gozos Terrenos	nº. 920 - 957	38	8	**46**	16
14	Penas e Gozos Futuros	nº. 958 - 1019	62	9	**71**	32
			100	*17*	*117*	*48*
29			**1019**	**197**	**1216**	**596**